暢銷全彩改版

教養，從改變說話口氣開始

開啟孩子「正向人生」的31個教養關鍵句

もう怒らない！ これだけで子どもが変わる魔法の”ひと言”

若松亜紀——著
卓惠娟——譯

改變「說話口氣」，孩子的成就會不一樣

愛孩子的父母，懂得用「一句話」打動孩子的心

你今天又怒罵孩子了嗎？總是在不知不覺間對孩子火冒三丈？當時你說了什麼話呢？我曾經是個脾氣很差的媽媽，總是這麼責備孩子：

「快點！」

「不可以！」

「真是的！你這孩子怎麼搞的？」

雖然我很想當一個臉上掛著和藹笑容、溫柔的母親，但卻還是忍不住經常發火。我以為自己當過幼稚園老師，應該很了解孩子才對。

但是，真實情況如何呢？

我天天被相差一歲十個月的儂儂和偉偉耍得團團轉。對無理取鬧的偉偉失去耐性、看到丟了一地的玩具就爆青筋、一天中數不清多少次對姊弟倆大發脾氣。當我回過神來，才發現自己從早到晚都在聲嘶力竭中度過。

「唉！明明不該亂發脾氣的。」

「媽媽一直在生氣，真對不起。」

好多個夜晚，看著孩子留有淚痕的睡臉，我不禁感到歉疚。其他媽媽都能優雅從容地教養孩子，好像只有自己是個差勁的母親。

「我和其他媽媽究竟有什麼不同呢？」

以這樣的角度觀察其他媽媽後，我發現不管是表情、動作、態度，能夠氣定神閒教養子女的媽媽，和我有各種大大小小的差異。其中令我驚呼「就是這個！」的關鍵性差異，你認為是什麼呢？

”言語具有「魔法」，能讓孩子重拾笑顏

這個關鍵的差異是——「言語」。當時正好發生一件事：儂儂和小朋友一起玩，因為摔倒而號啕大哭，我立刻跑到她身邊。

「不是早就跟妳說過不要跑！」

聽我這麼一吼，儂儂的反應是什麼呢？你猜對了，她哭得更厲害。然而，和她一起玩的小朋友媽媽，卻很溫柔地對儂儂說：

「一定很痛吼！」

那位媽媽說這句話時，同時露出一臉「好痛」的神情，然後，猜猜怎麼了？儂儂點點頭，淚汪汪地說：

「嗯，真的真的好痛喔！」

但她這句話才剛說完，就立刻帶著一張燦爛無比的笑臉跑去玩了。我驚訝地合不攏嘴，目瞪口呆地看著這一幕。這究竟是怎麼回事呢？儂儂身上究

竟發生了什麼？

我對儂儂說的話，讓她除了有「膝蓋的疼痛」，還加上我給她「心裡的疼痛」。然而，儂儂對那個媽媽說的「一定很痛吼」這句話產生共鳴，所以連膝蓋的疼痛也減輕了。

因為這件事，我深深感受到「言語具有魔法般的力量」。我發現一個很重要的關鍵：**「原來小孩子只需要一句話，只要一句話就能發生這麼大的轉變！」**就像走在漆黑的隧道中，乍見一線亮光。

父母說對話，愛立刻有回報

從那時候起，我開始留意「言詞」的力量。後來，我在家中舉辦教養沙龍聚會，從多位母親的交談中學習，並留意路上不經意聽到的話、父母與孩子的對話，只要是我認為「這句話真棒」，就立刻實踐。**有時候想告訴孩子的是同一件事，但表達的方式有所不同，同一句話的語意就截然不同。**

這麼做之後，我生氣的次數少了很多。和孩子心平氣和在一起的時間也增加了。更重要的是，孩子和我的笑容都變多了。

即使我還沒達到「好媽媽」的境界，有時仍要反省自己「又生氣了」，也會被孩子說「媽媽的表情好可怕」。但是，藉著言詞改變，我和孩子的關係已經和過去大不相同，孩子對我說「最喜歡媽媽」的次數也增加了。教養孩子變成輕鬆愉快的一件事。

本書介紹的是我嘗試過後，能夠有效改善孩子行為的方法。改變一句話、一個用詞，孩子也能跟著改變，你不覺得相當輕鬆嗎？若能因此教出幸福、健康的兒女，對爸媽來說真是全天下最划算的投資了！

「只需魔法的一句話，就讓儂儂展現最棒的笑容。如果全部的孩子都能充滿陽光般的笑容，該是一件多麼美好的事！。」

我這麼祈禱著，寫下這本書。

我相信人們會從覺醒時開始改變。如果你也覺醒了，請從「現在」開始，試著對孩子說你最喜歡的一句話，讓我們以充滿愛的親子關係為目標，和孩子共同成長吧！

「陽光沙龍」親子聚會主持人　若松亜紀

目錄

Chapter 4

樂觀行動句，給孩子勇氣挑戰未來

Chapter 5

滿分教養句，教出向日葵小孩

Chapter 6 親子交流句，打造孩子自由心靈

Chapter 7
自信加值句，使孩子無所畏懼

「媽媽好累！同樣的劇情每天一再上演，怎麼辦？」

Chapter 1

四種教養關鍵句 終止孩子哭鬧不休

孩子動作慢吞吞、不想回家、黏人精、總是「不小心」，
這些傷腦筋的問題，通通可以迎刃而解！

以「慢慢來」代替「快一點」！

父母不催促，孩子會表現得更好！

”爸媽變催狂魔，小孩只會慌慌張張、半途而廢

「快一點！」

「怎麼還沒好？快一點！」

你一天當中對孩子說過幾次「快一點」呢？

想必一定有家長回答「根本數不清說了多少次」，因為孩子動作慢吞吞而感到困擾，其實我也為此煩惱過。

那麼，我們限定一個時段吧，比方說從孩子起床直到出門為止。小學生

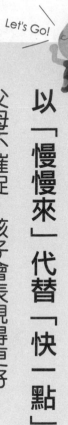

的話到他上學為止，如果是幼稚園或托兒所就是到他入園為止，想想自己說了多少次「快一點」？如果是我們家，大概是一小時會說一次。

如果是更小的孩子，就想想看和媽媽一早去超市為止的時段吧？這段時間內，媽媽說了多少次「快一點」呢？

「快點起床！」

「快點換衣服！」

「快把飯吃了！」

「快點、快點！」

若是要一一列舉催促孩子的次數，數到天黑也數不完。孩子還小的時候，我也曾經因為一再催促，讓孩子急得哭出來。比方說，外出等儂儂穿鞋子的時候。雖然我幫她穿，兩三下就能穿好，但她卻堅持「儂儂自己穿！」小孩大概都會經歷這樣的時期。

然而，讓孩子自己穿，不是腳踝沒塞進鞋子裡，就是鞋子左右相反，總是無法順利穿好，我一邊看，內心一邊煩躁起來，於是忍不住催她：

「快點穿好！」

「還沒穿好嗎？」

然而，大人一催促「快點」，孩子就會開始慌張，手腳更不聽使喚。而且，沒多久就被爸媽說「好了好了，你別弄了」，孩子心裡會更著急，忍不住淚眼模糊。突然抬頭一看，媽媽一臉凶神惡煞的表情，覺得「媽媽好恐怖」。最後孩子的手便停下來了，簡直就是惡性循環。

難道沒有冷靜和孩子應對的話語嗎？

”「慢慢來」替孩子建立自信，輕鬆完成任務！

「什麼嘛！只說這句話就沒問題了嗎？」

由於太簡單，大家驚訝得下巴都快掉下來了。不過，這句話其實意義深遠哦！一直到儂儂小學高年級時，我才學會這句話。

也就是說，儂儂已經學會自己穿鞋了。我忍不住捶胸頓足地想「唉！要是早點學會該有多好！」某次陽光沙龍聚會，到了媽媽要帶孩子回家時，聽到有位媽媽對小朋友說了這句話，聽起來和煦溫暖，令我心曠神怡。

「慢慢來就好了！」

這句話可以讓孩子感到安心，於是能從容不迫地穿好鞋子。在一旁看著孩子的母親，臉上也露出溫柔的微笑，充滿慈愛。

我不由得想：「真美的畫面！」和凶神惡煞的我完全不同。

那個孩子只花了一點時間就穿好鞋子站起來，臉上浮現「自己穿好鞋子」

的成就感。他發自內心笑得十分開懷，對我揮手說：「掰掰！」我蹲著回他說：「掰掰！要再來玩喔！」目送他上車。

往停車場的道路，是稍稍傾斜的下坡，對大人來說微不足道，但對孩子而言卻是一個「難關」。這時候，媽媽說了：

「慢慢來沒關係喲！」

孩子上車時、關車門時，媽媽也一直和顏悅色地說：「慢慢來」、「慢慢來就好了」，在無形中助孩子一臂之力。是因為「慢慢來」的發音特別好聽嗎？當時那位母親說話的語氣及神情，令人覺得十分舒服自在。

看到當時的情景後，**我也模仿那位媽媽，開始對孩子說「慢慢來」，這時我如同乘船坐在平穩的海面上一樣，情緒比以前更加溫和穩定。**

儂儂以前常因為我催她「快一點」，就會生氣抱怨「不要催我啦！」現在用「慢慢來」鼓勵她，似乎能讓儂儂更從容不迫地做她應做的事。雖說如此，也不會比以前花更多的時間，甚至還比以前更快完成。

言詞的力量實在很不可思議。

對了！孩子學會看時鐘之後，「快一點」這句話變成下面這種狀況：

✚「六點了喔！」←孩子該起床的時間。

✚「七點了耶！」←孩子上學前十分鐘。

「真的這麼簡單嗎？」說真的，確實就這麼簡單。只要心平靜氣地開口說話，孩子也會心平氣和地接受喔！

Point!

「慢慢來」
好像很有效！
媽媽
原來
如此

- 「快點！」反而更手忙腳亂
- 「慢慢來」默默地助孩子一臂之力
- 「自己可以做得到」使孩子有自信
- 「六點了喔！」只傳達事實

以「等一下要回家囉」代替「該回家了」

「漸進式預告」讓孩子不再哭鬧賴皮

”小孩任性拒絕回家，最後只會兩敗俱傷

當你告訴孩子「該回家了」，你的孩子會馬上乖乖聽話回家嗎？

孩子是否能爽快地說「掰掰」，立刻離開呢？為人父母之後，我才知道「回家」這樣一件小事，竟然會成為艱鉅的「大工程」。就算烏鴉叫了、天色暗了，媽媽很想回家收衣服、按下電鍋煮飯，孩子卻完全不當一回事。

「把你一個人丟在這裡喲！」

「不管你了！」

你是否也對孩子說過這麼無情的話呢？

「回家吧。」

「不要。」

經過五分鐘……

「要回家了喲！」

「人家不要嘛！」

「媽媽還有很多家事要忙啊。」

「不要！人家還想玩！」

你有以上的經驗嗎？這對我來說是家常便飯。也曾想著「再這麼耗下去，天就黑了」，然後不知不覺間就被夜色籠罩了。

我以抱著橄欖球的姿勢，一手用力緊抱吵著想繼續玩的儂儂，另一手提著她的三輪車，猶如綁架孩子般硬把她帶回家。甚至曾經抱著大哭的儂儂，在回家途中被路上的大叔罵「吵什麼？煩死了！」

即使好不容易把儂儂拖回家，她仍然不死心地大哭大鬧：「哇～人家還要玩！」在儂儂哭鬧不休的狀況下，我把衣服收進來、煮飯……。這種時候我很難溫和地安撫孩子：「對不起，媽媽知道妳還想跟朋友玩……」最後往往跟著哭泣的孩子一起落淚。

「不要哭了。」

「那個大叔說得對！妳真煩人！」

我變成一個比孩子情緒更失控的母親。當天的晚飯，可能帶著淚水的鹹味。唉！難道沒有讓孩子心甘情願回家的方法嗎？

回家也要「預告」，給孩子時間做心理準備

陽光沙龍聚會每次大約有六對親子參加。媽媽一邊看著孩子，一邊隨意地喝茶或談天說地。當然，時間一到便紛紛打道回府。看著大家回去的情景，令我想起平時的自己。

「回去吧。」

「再玩一下下。」

「要回家囉。」

「人家不要嘛！」
多數媽媽與孩子都是這種模式。
不過，其中卻有令我拍案叫絕的一句話：

「等一下要回家囉」這句話竟然牢牢抓住兒童的心理。

那是一個同齡中最頑皮的孩子。他的體格健壯，外表看起來也比實際年齡大。由於塊頭大，嗓門也特別驚人。大人如果聊天聲音大一點，他常會插嘴說：「好吵！」和其他小朋友爭奪玩具時，光靠聲音或力氣就能取勝。

孩子的母親似乎也拿他沒辦法，總是看她不斷絮絮叨叨地不停叮囑。因此，當我心想：「要帶他回家，一定很傷腦筋吧」。孩子媽媽卻說了這句話：「等一下要回家囉！」

大約是母親規定「回家時間」的二十分鐘前，孩子聽了這句話，沒有任何回應繼續在玩。不過，他畢竟聽到媽媽說了這句話，沒多久就對朋友說：「我等等要回家了」。

大約過了十分鐘左右，媽媽又重複一次：「等一下要回家了喔」。聽到這句話，孩子開始把剛剛玩的車子放回玩具箱。他很快地翻了一下還沒看完的繪本，然後放回書架。

「原來，讓孩子做好心理準備，他就能不吵不鬧願意回家。」

或許可以把這句話當作一種「心理準備」，花一點時間，讓他以自己的方式結束玩耍時間。最後他很爽快地向其他小朋友揮手道別，乖乖回家了。

Point!

「等一下要回家」
做好心理準備
原來
如此
媽媽

- 催孩子「回家了」不知不覺天就黑了
- 提前提醒孩子「等一下要回家」
- 十分鐘前再提醒孩子一次
- 讓孩子「漸漸」做好心理準備

Let's Go!

以「具體時間」代替「等一下！」

將心比心，別用「等一下」敷衍孩子的期待

父母的漠視，是孩子壓力來源

「媽媽，唸故事書給我聽。」

「等一下！」

「媽媽，教我做功課。」

「我正在忙，等一下再教你。」

我們總是不自覺地隨口對孩子說「等一下」。

雖然這是很方便的一句話，但孩子聽起來又是什麼感受呢？

「等一下」究竟是多久之後呢？

是一分鐘？還是五年？

當媽媽說「等一下」時，孩子心裡會想。

「什麼時候唸故事書給我聽呢？」

「什麼時候會教我做功課呢？」

孩子相信爸媽隨口說的「等一下」，內心開始期待「是現在嗎？」、「還沒嗎？」而感到坐立不安。

然而父母所說的「等一下」，往往和孩子認知的「等一下」有很大的落差。孩子想的可能是「五分鐘左右（興奮不已）」，而你心裡盤算的可能是三十分鐘後，因此和孩子之間就演變成「還沒好嗎？」「再等一下」、「還沒好嗎？」「不是跟你說等一下嗎？」，最後與孩子發生衝突。

其實只要換個立場就會明白。天氣晴朗的週日早上，你拜託老公一件事：

「可以幫我澆水嗎？」

「好，等一下。」

幫植物澆水必須趁日正當中以前，否則溫度太高澆水，根部會灼傷。你光是打掃、洗衣服、準備早飯就忙得分身乏術，老公卻老神在在地一邊看報紙，一邊慢條斯理地刮鬍子。十分鐘、二十分鐘……，時鐘上的指針一分一秒往前移動，隨著時間經過，太陽升高，你的怒氣也逐漸上升。

「搞什麼？你說等一下、等一下，究竟是什麼時候？」

「等一下」究竟是多久呢？

因為時間模糊曖昧，所以提出要求的人，莫名產生等待的壓力。老公把你交代的事完全拋到九霄雲外，真希望他能說清楚，究竟什麼時候才要動手幫忙澆水。

等待的人總希望「能夠把時間說清楚、講明白」。只要能清楚知道要等多久，就算必須等待，也會覺得安心。

泡麵清楚標示「要等三分鐘」，就是很明確地寫「三分鐘」，所以我們能夠泰然自若地等待。如果只告訴你「加入熱水後，差不多時間就可以吃了」，反而會令人坐立不安。我們都希望有一個等待的標準，**「容易了解的標準」就是重點**。

”說出具體時間，消除小孩內心的焦躁不安

「等我把碗洗好。」

「等洗衣機開始轉動。」

「等時鐘的長針走到二。」

對比較年幼的孩子，以這樣的方式來傳達，他也很容易明白。如果孩子已經會看時鐘，就可以明白告訴孩子「等到三點喔」。**只要清楚告訴孩子等待的標準，他就能不焦慮地耐心等待。**

分享我的兩個失敗經驗。一次是以現在為基準的「〇分後」導致混亂的失敗經驗。其實孩子很注意細節，但我卻大而化之。有一次，我在兩點四十七分告訴孩子「十分鐘後」，我認為是整點的「三點」，孩子卻認為是「兩點五十七分」。雖然只是很小的差距，但兩人的認知就不一致了。

而且，有時隨口說「十分鐘」，實際上並未確認從幾點幾分開始算，導致和孩子發生爭執，「媽媽，約定的時間到了」、「咦？還沒吧」。因此，明確的「〇點〇分」不像「〇分後」容易形成認知誤差。另一次的失敗經驗是因為無法確定工作結束的時間，只能掌握住概況。

「等我洗好碗喔！」

「大概幾點呢？」

「唔～大概一點吧！」

當時因為顧慮到孩子的心情，所以把時間盡可能縮短。但實際上在預定時間內沒做完，所以到了一點只好向孩子道歉：「對不起。再等一下喔。」

讓孩子反覆失望一段日子後，有一天，我事先估算比較充裕的時間，後來告訴孩子「提早結束了喲」，孩子很開心地說：「太棒了！」

「清楚告知標準」，孩子就能安心地等待。

Point！

「○點○分」
清楚表明時間
原來
如此
媽媽

- 只說「等一下」，孩子不知道要等多久
- 具體告知等待的標準
- 具體說「洗好碗盤之後」或「到了三點時……」
- 預估充裕的時間

以「正面暗示」代替「負面暗示」

總是「警告」孩子，教養只會繞遠路

小孩「粗心大意」，只是被父母催眠了

小孩子拿杯子裝水時、把牛奶倒進空杯時，我總是忍不住要提醒他：「不要打翻了！」

大人老覺得「不提醒孩子，他很容易把東西打翻」，真的是這樣嗎？我千叮嚀萬囑咐，不斷耳提面命的結果，孩子仍然把水打翻了。

這是為什麼呢？一般人都會想像自己聽到的話，我們不妨實驗一下：

「請不要想像檸檬。就是黃黃的、酸酸的，含在口中就忍不住分泌大量唾液的檸檬。絕對不可以想像喔！」

明白了吧？即使叮嚀你「不要想像檸檬」，你的腦中還是會不由自主浮現檸檬的影像、口中自然分泌唾液。如果我什麼都沒說，想必你連檸檬的

「檸」字也不會想到。

同樣道理，**爸媽說的「不要打翻」，反而會勾起小孩「打翻東西的想像」**。原本只是想提醒孩子，卻事與願違地讓他聯想到「可能會打翻」。孩子腦海中，會浮現打翻牛奶的情境，以及媽媽爆跳如雷、勃然大怒的神情。

你看吧！人們常說「心想事成」。**你對孩子說的話，他們都會依照預言實現想像**。孩子本來都沒想過「打翻飲料」、「可能會打翻」這些事，經爸媽提醒後，反而會很在意。

這些提醒其實形成了負面暗示。「可能會打翻」的聯想，引導想像走向事實。我一再耳提面命的叮嚀，完全徒勞無功。其他類似的狀況如下：

「不可以大聲吵鬧」

「不要跑！」

「不要靠近！」

你的眼前是否浮現孩子吵鬧、暴衝奔跑、靠近危險場所的畫面？什麼樣的一句話可以逆轉這種狀況呢？

假設你現在放好杯子，倒滿飲料打算端起來喝。由於表面張力，看到幾乎要溢出杯緣的飲料，你不禁喃喃自語：

「啊～好幸福！」

杯裡的飲料只要稍微傾斜，就會灑出來。這時候如果有人在旁提醒，你希望他怎麼說呢？是不是像下面這種狀況？

「警告」太難理解，「直接鼓勵」教養效果更好

當你把斟滿飲料的杯子小心翼翼拿到嘴邊，有人在一旁柔聲提醒「輕輕地」，你會有什麼樣的心情？是不是認為對方「真體貼」？是不是會因為輕聲細語的提醒，小心地端起杯子？

相反的，如果對方大喊：「不要打翻了！」你可能會嚇得手忙腳亂打翻杯子。孩子也是一樣。如果你對孩子說「輕輕地」，天真無邪的孩子就會照你所說的，慢慢、小心地倒水。**把「輕輕地」這句話徹底傳達給孩子，比「不要打翻」有更好的效果。因為它會成為「輕輕地就能做到」的正面暗示。**

「不要……」是繞遠路的思考方式。腦海中先出現打翻水的場面，然後修正為不要打翻。腦子裡先想像了檸檬，然後再設法消除，告訴自己不要去想像。這個思考過程不僅麻煩，而且對孩子來說相當困難。既然如此，一開始就告訴孩子「輕輕地」，不是更直接了當嗎？

✚以「保持安靜」代替「不要吵鬧」。
✚以「慢慢走」代替「不要跑」。
✚以「離開那裡」代替「不要靠近」。

只要以正面的說話方式和孩子溝通，自己和孩子都能鎮定從容地面對各種狀況。

Point!

「正面暗示」
做什麼都順利
原來
如此
媽媽

- 「不要打翻」讓孩子聯想到「會打翻」
- 告訴孩子「輕輕地」，他就能小心行動
- 正面、直接地表明要求：「保持安靜」、「慢慢走」

「到底要說幾次才會懂？」

Chapter

2

高EQ魔法金言 父母再也不動怒

講不聽、愛吵架、調皮搗蛋、沒禮貌，
說出諒解的一句話，孩子就能變身成熟小大人！

以「怎麼做」代替「為什麼」

這樣問，教出創意十足、獨立思考的好孩子

問小孩「為什麼」，只是生氣罵人的慣用語

「為什麼做這種事！」

「為什麼連這種小事也做不到？」

爸媽教養孩子時經常會說「為什麼」。我也常把「為什麼」掛在嘴邊，幾乎變成口頭禪了。各位爸爸媽媽也是嗎？你會在什麼狀況下說這句話呢？

我常在下面的情境中，脫口說出「為什麼」。

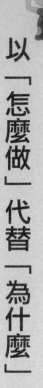

爸媽為什麼動不動就問孩子「為什麼」呢？我通常是因為心情煩躁。

「為什麼做這種事？煩死了！」

「為什麼？」「怎麼搞的？」這是詢問對方原因的疑問詞。如果你這樣被人質問，會怎麼回答呢？比方說你不小心把碗打破了，這時如果有人問你「為什麼打破碗」，你會怎麼回答？

你也許會忍不住在心裡嘀咕：「你問我，我要問誰呀……」又不是因為喜歡才弄破的，連當事人都不知道為什麼會把碗打破。

「因為一時手滑嘛！」

「因為太燙了嘛！」

被追問之下，只好絞盡腦汁找一個合理的藉口。而且當我們問別人「為什麼」時，經常都帶著怒氣。我每次說這句話的時候，多半都氣到額頭爆青筋了。**表面看起來是在問對方理由，但其實是帶著厭惡及憤怒質問對方**，聽起來實在很幼稚。

質問會讓孩子害怕，選擇「說謊話」

質問「為什麼」使對方害怕，讓他在情急之下編造藉口。迫使對方捏造藉口後，我們又會再進一步責怪對方：

「這算什麼理由？」

「不要找藉口！」

冷靜思考過後，我發現這是自掘墳墓，根本解決不了問題，只是在原地踏步罷了。那麼，能夠代替「為什麼」的用詞是什麼？我們一起想想看。

「為什麼」雖然是疑問句，實際上卻在威脅對方。被問的人想找台階下，只好千方百計找藉口。高中上學遲到時，老師生氣地問我：「為什麼遲到？」你猜我情急之下說了什麼？

「因為今天騎腳踏車逆風。」這種離譜的理由。

想當然爾，已經火冒三丈的老師因此更加生氣。被老師罰站在走廊的那一天令我永生難忘。

有其他話語可以取代「為什麼」嗎？

有一天，儂儂又打翻牛奶時，我的處理方式如下：

”讓孩子思考「怎麼做」，比嘮叨指責更好

「怎麼辦呢？」

這句話是從一位媽媽朋友那裡學來的。

當我這麼問，兩個孩子有什麼反應呢？是的，兩個人拿了抹布來擦地

板！雖然他們用乾抹布擦地板，反而擴大牛奶潑灑的範圍，但這和我質問「為什麼」的情況簡直南轅北轍。

你認為其中的差異是什麼？

沒錯，就是**改變「疑問詞」，把「為什麼」換成「怎麼做」**。用英文說就是以「How」取代「Why」，等於在問孩子「How to」也就是解決的方法。

「該怎麼辦才好呢？」

「你認為該怎麼做？」

「有什麼方法呢？」

有人這麼問你，你會有什麼反應？是不是自然而然開始思考「接下來該做什麼才好？」用「How」來提問，**孩子會學著思考該採取什麼行動，引導小腦袋瓜不停運轉，即使他們想出來的辦法，只是把地板弄得更髒也沒關係。**

當你基於某種緣故遲到時，若有人問你「下次該怎麼做才好？」你是不是也會思考今後的遲到對策呢？例如將鬧鐘的聲音調大一點、提早十分鐘出門，或者是找出「順風」的路線。只要你的對策成功，以後就不會再遲到了。這種做法比破口大罵「為什麼遲到」積極多了！

逼問「為什麼」只會讓孩子學到找藉口搪塞。但是問孩子「該怎麼做」，則是引導孩子採取行動的創意開關！孩子把鞋子穿反了、襪子沒穿好、和其他孩子搶玩具時，這句話都能派上用場，得到比指責更好的教養結果。

Point!

「該怎麼做」
能引導孩子進步
原來
如此
媽媽

- **「為什麼」只會在原地踏步**
- **「為什麼」是藉口的催化劑**
- **「怎麼做」能把焦點放在「接下來的行為」**
- **「怎麼做」是啟發孩子創意的開關**

以「原來如此」代替「不行」

有時候，孩子只是希望你「聽他說」

你們家的冰淇淋是點心還是飯後甜點呢？在我們家冰淇淋是點心，但是在奶奶家，冰淇淋則被當作飯後甜點。由於這種差異，發生了一次悲劇：

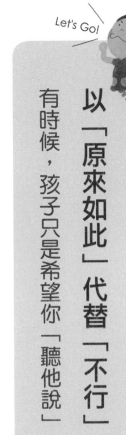

一話不說拒絕孩子的請求，只會引起激烈反抗

當時偉偉為了吃冰淇淋抗議：

「是誰規定點心時間才能吃冰？幾點幾分幾秒？地球轉幾圈的時候？」

誰知道這種事啊，偉偉和我激烈爭吵，你一言我一語互不相讓。

「我要草莓冰淇淋！」

「我已經還給店裡了！」

「我要吃冰啦！」

「不行！」

最後兩人相互扭打，弄到瘀青是家常便飯。媽媽欲哭無淚，究竟這樣的日子要持續多久？為什麼會變成這樣呢？問題似乎出在「不行」這句話。

比方說有位媽媽正幻想著要一個人去旅行，可是她心裡知道孩子年紀還小，很難實現這個夢想。因為上個廁所孩子也要跟來，晚上如果媽媽不在身

邊，孩子也睡得不安穩。

「看樣子，目前一個人旅行只能是夢想啊！」

雖然明知道是夢想，但媽媽仍會用夢幻的眼神向老公撒嬌：「好想一個人去旅行喔！」這時候，老公立刻說：「不行！」老婆會有什麼感受？又或是老公還補上一句：「妳在說什麼蠢話？妳要帶孩子吧？丟下小孩不管，妳還有資格當媽媽嗎？」如果是我，可能會氣到血管爆裂吧。此時該怎麼見招拆招呢？

即使心中很清楚，現階段一個人去旅行難以達成，但還是希望有人聽聽自己的願望。大家應該都有這種經驗：

「希望有人聽我說！」是的，這就是關鍵！

孩子也是這樣。秉持這樣的原則改變說詞，就能順利應對同樣的狀況。

吃完飯了！
那……
我要吃冰淇淋
原來如此。你想吃冰淇淋啊？
對啊！
我懂、我懂，冰很好吃呢！
甜甜的，草莓口味最棒了！
噓
在叫我嗎？
那麼
等點心時間到了要叫我喔！
媽媽也會忍耐
就是嘛！
ICE

”學會傾聽，用「原來如此」接納孩子的心情

人如果一開始就被他人否定，情緒上絕對會反彈。如果說第一句話就被對方拒絕說「不行！」你一定會很難過：

「你都不了解我！」

「聽我說一下有什麼關係？」

自己的要求能不能做到是其次，但每個人都希望別人聽聽自己的心聲。

夢想能否實現並不重要，但只要有人願意聽自己傾訴，心情便能得到抒發。吃冰事件，我就是以「原來如此」這種「暫時接納」的技巧搞定。

「吃完飯了！我要吃冰淇淋。」

「這樣啊，你想吃冰淇淋喔？」

「嗯。我最愛吃冰了！」

「原來如此，你最愛吃冰啊。」

只要像這樣「暫時接納」，孩子就能因為「父母了解我」而安心，將注意力轉移到下個活動，「等點心時間到了要叫我喔！」不著痕跡就能解決問題。

「買玩具給我！」

「我不想去幼稚園！」

「我要機器人～」

教養孩子過程中，爸媽想說「不行」、「說什麼蠢話」的情況不勝枚舉。遇到這種情況，請父母試著以「原來如此」來應對。**不是贊成，但也沒有反對，只是理解「原來你有這種想法」，站在中立的立場聽孩子說話即可。**其實孩子心裡也明白，自己美夢成真的可能性是大或小。

先傾聽孩子說的話，就能讓很多問題迎刃而解。

Point!

「原來如此」
讓孩子感到放心
原來
如此
媽媽

- 「不行」只會使談話僵持不下
- 孩子只是希望父母「傾聽」
- 以「原來如此」接納小孩的想法
- 表現「原來你有這種想法」的態度

以「注意事項」代替「別人在看喔！」

假借他人「恐嚇」孩子，壞習慣一樣改不了

”藉由別人來教育孩子，是一種推卸教養

搭火車時，看到對面坐了一位帶著兩、三歲男孩的媽媽。

不知道是不是因為第一次搭火車，小男孩興奮不已，穿著鞋子就站到椅子上，想看窗外的景色。

如果是你，會怎麼制止孩子呢？那個母親是這樣處理的：

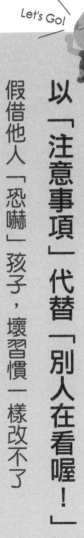

「那個歐巴桑在看你，不可以這樣！」

你聽到這句話做何感受？我當時驚訝得目瞪口呆，我的周圍全是男性乘客，歐巴桑顯然是在說我！暫時把「私人恩怨」拋到一旁，我認為這位媽媽的說法有兩個問題：

❶ 怪罪旁人，把教養責任推卸給不相干的人。

❷有比威脅、恐嚇更好的管教方式。

我們要制止孩子某些行為時，經常會說這些言詞：

「你看！大家都在看你喔！」

「那個叔叔會生氣罵人喔！」

「你再不乖，警察會來抓你喔！」

因為別人在看所以不可以，因為怕挨罵所以要忍耐。然而，藉著別人來教育孩子適當嗎？**希望孩子停止不當行為，理由不該是「有人在看」、「會挨罵」**，這種做法很可能使孩子誤解：

「如果沒人在看，就可以做同樣的事。」

有次回娘家，和孩子一起洗澡，儂儂和偉偉比我早洗好、換好衣服，我又泡了一下熱水，正要起身穿衣服時，聽見客廳傳來的對話：

「奶奶，可以吃點心嗎？」

「不行，等一下就要吃晚飯了。」

奶奶說得好！肚子餓的時候，飯吃起來才會特別香。我暗自比了一個勝利手勢。不料，卻聽到下一句她說：

「現在吃點心，媽媽會生氣吧？」我已經生氣了。

「沒錯！媽媽生氣好恐怖！」怒氣爆表。

他們以為我聽不到而肆無忌憚，我忍不住打開浴室的門大叫：

「什麼叫我生氣好恐怖？」

「哇！出現了～」

真氣人！孩子居然把我說得像妖魔鬼怪一樣。

出門前，與孩子事先預習「禮貌行為」

即使想制止孩子的行為，也不能把原因歸咎於別人。真想跟奶奶說「請不要拿我當擋箭牌！」那想叫孩子「不要……」的時候，該怎麼說才好呢？

對孩子而言，第一次的經驗或少有的體驗，部分狀況父母可以事先預料到他的反應。像坐火車穿著鞋子爬到座位上，這是可想而知的行為。因此，事前不妨這麼說：

為了防止「可能發生某些狀況」，先問孩子**「搭火車要注意什麼呢？」**父母與小孩事前確認，這是防止意外發生的對策。有些事情可以從失敗中記取教訓，例如「碰到熱水瓶會燙傷、爬到樹上，樹枝會斷」等等，但在公共場合為了避免他人困擾，最好不要放任孩子嘗試錯誤。

因此，去醫院、圖書館、超市等場所時，請事前和孩子做好約定。這麼一來，就不容易發生意外狀況。既不需要責備孩子，也不用說別人是可怕的歐巴桑，用陌生人來嚇唬他。你小時候是否也被父母叮嚀過：

「不可以跟著陌生人走。」

「跟媽媽好好牽著手喲！」

這也是父母為了防止意外發生，才對我們這麼說。父母可以直接叮囑小孩，或是像漫畫中的媽媽一樣，給孩子時間想一想。務必讓孩子思考看看：「要注意什麼？」**任何人都不喜歡被強迫做某事，但如果是自己主動想起來，就會樂意採取行動。**而且，之後再告訴孩子，這麼做「真棒」的理由，這個作戰策略就能奏效。不過，讓孩子思考也要有所限制，尤其是他們的初次體驗，孩子很難想出該注意什麼行為。

沒做過的事，也要先打預防針，舉辦「猜謎問答」

不僅僅是孩子，我自己也是如此。當我蜜月旅行去斐濟的海灘時，導遊提醒我們「小心珊瑚」。但是，生長在北方的我，根本不明白那是什麼意思。珊瑚哪裡危險？該怎麼注意？完全摸不著頭緒。直到腳被珊瑚割傷，我才明白「小心珊瑚」是什麼意思。

同樣的道理，**孩子也不會明白他們沒體驗過的事**，即使問孩子「搭電車要注意什麼？」孩子可能只會說出「點心最多花一百元！」「衣服脫下來要丟洗衣機」這類天馬行空的回答。這時候，爸爸媽媽不妨舉辦「猜謎問答」：

「搭電車要注意什麼呢？

❶站在椅子上、❷坐在椅子上、❸躺在椅子上。」

孩子答出選項後，告訴孩子「答對」的原因。「如果穿著鞋子就站在椅子上，座位會弄髒。」

另外，為了避免孩子途中無聊，可以在包包裡準備小玩具，例如畫畫的本子或是小玩偶等，都能成為父母強而有力的助手。

Point!

「注意事項」
防止不當行為
原來
如此
媽媽

- 不要怪罪旁人
- 讓孩子自己思考「不可以做什麼」
- 告訴孩子「好棒」的原因
- 讓自己和周圍的人不被打擾

以「做壞事」代替「壞小孩！」

責備或讚美，孩子都會照單全收

因為被罵「壞小孩」，才會變成壞孩子

「讚美教育」似乎是現代的育兒主流。從小被罵大的我，當然舉雙手雙腳支持讚美教育。因為每次挨罵，我都會受到驚嚇，並在心中留下難以抹滅的陰影。

不過，為人父母後，我照樣常罵孩子。而且，也很煩惱如何「適當地」責備孩子。比方說，當孩子在牆壁上塗鴉。你對下列這種場景有何感想？

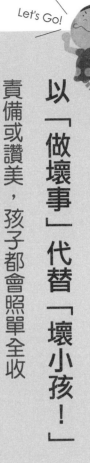

「在牆壁上畫畫，真是壞孩子！」當父母這麼說，就是造成孩子不乖的原因。此時孩子心中會有什麼感受呢？

他的心裡會出現「自己＝壞孩子」的公式。

小學六年級的時候，被全班公認是運動白痴的我，不知道為什麼竟然被挑中擔任田徑賽長跑選手。我非常討厭練習，常常喊肚子痛、假裝身體不舒服。當時老師對我說：

「妳去跑一定沒問題！」

可能是這句話讓我下定決心吧。之後的練習我都沒有再偷懶缺席，正式比賽那天……「我竟然得到第一名！」——這個奇蹟並未在現實世界中發生。但我至今仍忘不了，自己在某個彎道超越另一個選手的暢快心情。

這都是多虧老師當時對我說了那句話。**這叫做「貼標籤」，當你對孩子說「真是壞孩子」時，孩子便認為「我是個壞孩子」**。當老師對我說「妳一定能夠跑得很好」時，我便認為真是如此。

”指正孩子的「錯誤行為」，別做人身攻擊

以前哥哥的朋友曾對他說：「你媽媽好年輕喔！」之後，每當朋友要來我家，媽媽就會特地化妝，打扮得格外年輕。

對於別人說的話，人們總是照單全收。不，應該說是「深信」他人說的話。我們希望回應別人所說的事、期望去貫徹執行。就像我的母親一樣。

只要想到這一點，責備孩子的用語就會改變。既然如此，孩子行為不當時，要如何指正呢？

糾正行為而不否定「人格」，孩子才知道錯在哪裡

如果是你，希望被貼上什麼樣的標籤呢？

「年輕、漂亮、笑臉迎人、溫柔」等，都是令人開心的標籤。聽到別人這麼說，自己就會希望在人前保持一樣的形象，回應他人的期待。

因此，我們喜歡的是「正面」的標籤，同樣的狀況也適用於孩子。明白這點之外，還必須了解：**糾正孩子不當的行為的關鍵，就在於「把人和行為分開」**。

責備小孩說「你是壞孩子」，就變成「對人不對事」。由於**關鍵是「把人和行為分開」，所以批評時應對事不對人。**

「在牆上亂畫是不好的行為喔。」

這句話指的是「行為不好」，所以是「對事不對人」。孩子本身沒有錯，不好的是行為，請爸媽糾正時務必要分清楚。如果讓孩子認為自己「是壞孩子」，他被罵後仍然不了解要改善什麼行為。只是為他貼上負面標籤而已。

讓孩子了解「在牆壁亂畫是錯誤的行為」，他就能明白「下次不應該再做這件事」，並清楚下一次該採取什麼行動。

孩子還小的時候，有次大掃除我用牙刷清理門窗凹槽，灰塵和黴斑一下子就讓整支牙刷變得髒兮兮。

儂儂和偉偉大概覺得很好玩，表示想要幫忙。於是我交給他們舊牙刷，一起清理再用水沖洗。清理完畢心情特別爽快，原本非常髒的凹槽，潔白發亮到令人想在上面親一下！

「啊！真乾淨！」正當我開心大喊之際，才注意到……一歲的偉偉正拿著髒兮兮的牙刷在刷牙！三歲的儂儂則是拿著同樣髒兮兮的牙刷，在潔白的牆上畫畫。當她和我四目相對時，很得意地說：「我畫的小老鼠很棒吧？」

我感到一陣暈眩，最終說出口的話並不是「亂畫是不好的行為喔」。你猜我在這樣的情況下，說了什麼呢？

「天啊！……這是租來的房子耶。」

我想，我們家的育兒方法，和理想狀況還有一段不小的距離。

Point!

指正「行為」才知道該怎麼做
原來如此
媽媽

- 為孩子貼「正面標籤」
- 分清楚「人」和「行為」
- 責備「壞孩子」是「對人不對事」
- 指出「不好的行為」才是「對事不對人」

以「先接納＋收拾」代替「給我收好」

先肯定，才能打開孩子封閉的心房

準備吃晚餐的時候，看到桌上擺滿了玩具、作業、膠帶、便當盒等物品，你會有什麼反應呢？

我通常都是大吼大叫：「給我收好！」

前面談過的「不行」，或是之後要談的「但是」、「只有」，都是孩子先提出意見後才有的回應。孩子的意見在先，大人的回應在後。

但是，「給我收好！」則是大人先發制人說的話，而且是突如其來、飽含怒氣的話。我把它稱作「先發制人」，因為爸媽說這句話時沒有任何預警，好比突然出拳攻擊一樣。

”看不順眼劈頭就罵，小孩根本聽不進去

其他還有許多先發制人的狀況：

「不准吵架！」

「吵死了！」

偉偉一直改不掉吸手指的習慣，總是會被我大聲制止：「不要吸手指！」如果你被別人突然出拳擊中，會有什麼反應呢？

例如老公嚐了一口你做的料理，立即表示：「沒味道。」

如果真的很難吃就算了，可能是自己不擅長料理，或是口味不合。但是，就算有原因，當場也很難嚥下那口氣。個性好強的人可能會反駁：「不吃拉倒！」個性溫順的人大概只會默不作聲。

一個人突然被其他人破口大罵，身心都會大受打擊。會感到沮喪、心情低迷，甚至封閉內心。在這種情況下有辦法聽進去對方在說什麼嗎？能夠接納對方說的道理嗎？

應該很少人可以心平靜氣地問老公：「味道太淡嗎？」然後立即拿醬油來調味。相同的，被罵得狗血淋頭的孩子，能乖乖回答「我立刻就收」嗎？

我做不到，孩子一定也做不到。

因為挨罵的時候，他的心門就緊緊關起來了。緊閉心扉的人，不管你說什麼他都聽不進去。就像你把球對著水泥牆扔，球也只會反彈回來而已。此時該如何軟化孩子的心，讓他接受你說的話呢？

發現孩子的優點，先接納現況再設法改善

以前面做料理的例子來說，先不提好不好吃，至少希望對方能肯定下廚這件事對吧？我認為應該先慰勞下廚者的辛苦，說一聲：「謝謝你總是為我做菜。」

批評的意見之後再說也不遲。先表示謝意，然後再提出「對我來說味道有點淡」，對方就能坦率接受。這麼一來，說不定除了醬油，連酒都會幫老公準備好呢！記得，先「給予接納」，就能軟化對方的心。

漫畫中的媽媽雖然很在意散亂的玩具，卻先對孩子說「玩得很開心對吧？」原本她一定也很想大喊「快點收拾！」，卻按捺焦急的心情，先「給予接納」。因此，媽媽尋找可以讚美、作為緩衝的一句話：

「玩得很開心對吧？」

先「給予接納」——這是第一原則。讓孩子先敞開內心，他們願意打開心門後，你說的話孩子就願意順從，減少無謂的爭吵。

爸媽看到孩子的行為，常有許多話忍不住衝口而出：

「快點收拾！」

「要相親相愛！」

「快點起床！」

一開口就炮火隆隆，會使孩子緊緊關住心門。不論任何狀況下，都應該先「給予接納」。**父母請不要因為一點小事就生氣，先停下來想一想，孩子有沒有值得讚美的地方。**

發現孩子優點的秘訣是「剎那間能吸引目光或內心的地方」。

「玩得很開心對吧？要吃飯了所以要收拾乾淨喲！」

「你們剛剛不是在玩扮家家酒嗎？〇〇正在哭耶，發生怎麼事了嗎？」

「〇〇，早安！（「稱呼名字、問候」也是一種接納方式）

已經早上了，起床囉！」

看似迂迴曲折地繞圈，其實這種做法，才是讓對方乖乖聽話的捷徑。小孩因此敞開心房，就能讓事情順利進行。還有，敬告所有老公們，晚上若是想喝一杯，記得要先對老婆「給予接納」喲！

Point!

「給予接納」
讓心變柔軟
原來
如此
媽媽

- 「先發制人」會使孩子封閉內心
- 任何事都先「給予接納」
- 盡力找出孩子的優點
- 「給予接納」使人敞開心門

以「怎麼了」取代「不過是這點小事」

重複孩子說的話，是緩和情緒的好方法

” 拋開大人思維，冷靜尋找孩子吵架的原因

小朋友吵架、因為膽小而哭泣……，只要和孩子相處，這些情節每天都會不停上演。我很佩服孩子，竟然能夠每天不厭其煩地重複發生這些狀況。

爸爸媽媽可能會感到很厭煩，覺得「又來了」，然後置之不理，或是大發脾氣。你又是如何呢？我丈夫常會這麼說：

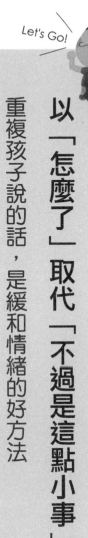

儂儂和偉偉剛開始吵架時，我先生就說：「只不過是這種小事有什麼好吵的？」孩子哭的時候，老公也是立刻出口責備：「不要為了這種小事哭哭啼啼！」

結果會怎麼樣呢？

孩子的爭吵或哭泣通常只會越演越烈。要是孩子用力摔門、奪門而出，他甚至會追出去怒吼：「門會被你摔壞！」曾經看到雜誌上某篇教養文章，令我猛然醒悟！

「對孩子的態度不該是『反應』，而是『對應』。」

讀到這句話，再回想自己對孩子的態度，向來都是「反應」。

當孩子「哇！」地歇斯底里大叫，我們就更大聲地咆哮怒吼，完全是反射性的回應。這跟路過串烤店就流口水根本毫無兩樣，父母只會單純地直接反應而已。

以前面的例子來說，大家應該也發現了，我先生已經偏離生氣的重點。一開始氣的是「孩子吵架、愛哭」，到後來演變成「門會被你摔壞」。

這些生氣的原因都只觸及表面，完全沒去探索根本原因。沒有看到根部（原因），只想處理葉片（吵架、哭泣、摔門），根本解決不了問題。

重點是要弄清楚孩子是為了什麼而吵架、為什麼而哭。

”吵架紛爭請用「聰明應對」取代「生氣反應」

大人認為的「小事」，對孩子來說卻非常重要！所以兩方才會意見衝突、無法讓步。孩子吵架可能只是因為分蝦餅時少了一片，或是橘子的白色纖維沒剝乾淨。看起來微不足道的小事，都可能是孩子「僵持不下」的原因。**不管任何時候，都要「站在對方的立場」設想**，這就是改善親子關係的起點。小學的社會課常會教孩子：「以對方的心情思考一下！」、「站在對方的立場採取行動！」然而，即使腦袋明白這些道理，實際上要做到卻不容易，就算是大人，也未必能駕馭自如。

「對方的想法，自己也必須重視。」

你希望對方重視自己的想法，對方也這麼想，就算只是橘子白色纖維沒挑乾淨的小事。只要能夠掌握這一點，當孩子爭吵時，父母就能以不同的方式來處理。

等孩子稍微平靜下來後，問他們：「怎麼了？」

當弟弟說：「蝦餅的數量太少了」

回應他：「原來如此，蝦餅的數量太少了」

姊姊又說：「才不是！是因為弟弟先吃了一片！」

回應她：「原來如此，因為弟弟先吃了一片是嗎？」

只要像這樣重複孩子說的話，他們就能感到安心，認為「爸媽真的有聽到我說的話」。（為了避免重燃戰火，先讓兩人分開，單獨聽孩子說明更好。）

對孩子來說，重要的是「蝦餅的數量」——即「原因」。但對大人而言只是「雞毛蒜皮的小事」，可是這個時期的孩子卻把它看作最重要的事。

冷靜詢問孩子暴走的原因，任何事都能和平解決

你自己有沒有非常「堅持」的事情呢？即使別人認為微不足道，你還是會很執著。像我就特別在乎一百元均一價的肉類，重量是不是一樣？雖然老公會說：「不是都一樣嗎？」但我仍殺氣騰騰地站在冰櫃前一一比較。

這時若老公說：「我先走了喲！」留下我一個人，會讓我很落寞。如果老公說一句：「我比比看哪邊重？」我就會很開心。這不是和計較蝦餅的狀況相同嗎？

不妨和孩子站在同樣的立場想一想。**重視孩子的想法，站在同樣的角度**

仔細聽孩子說的話，他們的情緒就能獲得紓緩。然後父母再思考該採取什麼解決對策。

如果父母的情緒很激動，孩子會更激動。只要父母冷靜應對，孩子也會跟著平靜下來。孩子吵得不可開交時，往往都是大人的怒吼聲火上加油，讓事情越來越難以收拾。爸媽們請用一句「怎麼了」，作為停止戰火的第一步。

有一天，偉偉一看到自己的數學作業簿，突然失控對老師大吼大叫，把講義揉成一團，連鉛筆都折斷了。

一開始我對這個狀況惱羞成怒，也對偉偉大喊：

「你搞什麼鬼？」

「快跟老師道歉！」

每次都是以這樣的方式處理。這完全是反射性的「反應」，但完全無法改變狀況，只是弄得自己身心俱疲。

一天，偉偉又開始發飆，等他稍微平靜後，我走過去問他：

「你怎麼了？」

「……我不會算數學。」

「原來如此。你不會算啊，該怎麼辦呢？」

「我想要媽媽陪我寫。」

這時偉偉心中的颱風才轉變為低氣壓，慢慢風平浪靜。此事使我親身體會到站在對方立場、為他設想的重要性。

Point!

設身處地問「怎麼了」
原來
如此
媽媽

- 「微不足道」也是孩子心中的大事
- 「對應」比「反應」重要
- 先站在對方的立場設想
- 以「怎麼了？」停止戰火

「我有好好看著你唷！」

Chapter 3

溫暖的一句話 孕育孩子幸福人生

小孩感到害怕、沒有自信、需要支持的時候，

父母要學習如何把愛說出來！

以「為什麼」代替沉默回應
從「聆聽」開始，讓孩子感覺被愛

”父母的「沉默」，會讓孩子稚嫩的心靈受創

糟糕了！和街坊鄰居八卦太久，結果趕不上平時做飯的時間。

「什麼？你說車站前的蛋糕店剛開張？」正當十萬火急時（其實沒那麼嚴重），結果小孩子打岔，你會有什麼反應呢？

「媽媽，我跟你說，今天……。」

「媽媽，幫我檢查作業。」

我的反應就像下面的漫畫：

是的，身為媽媽的我，經常默不吭聲。正在忙的時候，就算孩子認真地跟我說話，我也常不回答。尤其是看到美食情報的時候⋯⋯（真慚愧）。

父母每天都要處理好多事情。從一大早折棉被、準備早餐，一直到夜裡哄小孩上床睡覺，整天都忙得不可開交。總是忙東忙西的，導致有時孩子跟你說話而無法回應他。**雖然爸媽心中有很多不得已，但在孩子眼中卻認為這**

是「無視於我的存在」。

假設你跟老公說話，老公卻默不作聲，你一定會很不高興。

「昨天電器行打電話來了喲！」

「……」

「對方說：『數位相機修好了。』」

「……」

「喂！你有在聽嗎？」

「咦？我一直有在聽啊！」

簡直就像面對一面牆，打半天也毫無反應。

說話的人都會希望對方既然聽到了，至少要給個回應。不然就會猜測他也許沒聽見、我的聲音太小，或是老公今天心情不好？完全不回答，我就得一一打破砂鍋問到底才行，令人覺得壓力很大。而且，要是這種情況一天重複好幾次，連跟老公講話的欲望也沒了。

「無視」對孩子來說，是最傷人的回應

孩子跟爸媽說話卻沒有得到回應時，或許也是同樣的心情。遇到這種情況時，父母怎麼應對比較好呢？

你認為對付討厭的人，可以讓他最痛苦、最可怕的霸凌手段是什麼呢？我剛知道時受到很大的衝擊。**不是暴力、也不是恐嚇，而是——「無視」**。

明明自己就在現場，大家卻無視你的存在，把你當空氣一樣視若無睹。這樣的做法對人的傷害很大，會讓當事人覺得「我是沒有必要存在的人」。跟其他人說話卻得不到任何回應，比想像中更痛苦。

所以當自己很忙的時候，究竟該如何回應孩子，才能不讓他覺得被忽視而感到痛苦呢？

問孩子「什麼事？」作為願意聆聽的訊號

只要孩子叫「媽媽」，就回應「什麼事？」

就算不以「什麼事」回應，也可以問孩子：「怎麼了？」「有事嗎？」

或是單純微笑看著孩子也沒關係，**只要是能傳達給孩子「我在聽你說」的反**

應都可以。不過，同樣是問「什麼事」，如果加重語氣就不妙了。

「真是的！我忙得要死，你還要來找我麻煩。」若是給孩子這樣的感覺，還不如不要回答。**無論如何都必須保持溫和的語氣**。

視若無睹是最傷人的，德蕾莎修女有句名言說：

「愛的反義詞不是『憎恨』，而是『漠不關心』。」

當小孩對你說話的時候，能讓他開心的回應是什麼呢？並不是「給他一顆糖果」這類物質的獎勵。

讓孩子最開心的是——爸媽注意到自己的存在，並給予關懷，專心聽自己說話、微笑地看著自己。好比平日有人看到你就打招呼、叫出你的名字。沒有任何事，比這些看似微不足道的事更令人開心。

孩子總是說「你看你看」，也是因為他們可以感受到被關注的喜悅吧。不管任何時候，**父母都要給孩子發出「我很關心你」的信號。可以透過言詞表達、用態度表現，甚至用你的眼神傳遞信號。**

萬一實在忙不過來時，不妨告訴孩子「等一下我會仔細聽你說」。只要你能好好守信用，孩子也會欣然接受。

Point!

問「什麼事」
送出關心信號
原來
如此
媽媽

- 漠不關心是讓人最痛苦的霸凌
- 一聲不吭在孩子眼中就是「無視」
- 「注意、關懷」能使孩子的喜悅倍增
- 用言詞、態度、眼神來表現關心

以「你一直很努力」代替「加油！」

對孩子來說，「加油」反而是一種壓力

比「加油」更有效，孩子願意全力以赴的一句話

我們在很多情況會對別人說「加油」，例如比賽為選手加油、當孩子說「今天有考試」的時候，當孩子上幼稚園或是上學的時候。不過，若是遇到下列的狀況呢？

拆下腳踏車的輔助輪，對學騎車的孩子是一大挑戰。初學者騎腳踏車沒有輔助輪會很不安穩，不但會左右搖晃，要是摔倒了膝蓋還會擦傷。

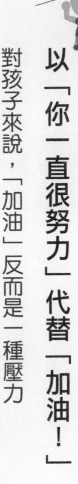

「好可怕，可是想試試看。」

「想學會騎腳踏車，可是很可怕。」

這種時刻，孩子格外努力。一面克制忐忑不安的心情，一面和腳踏車奮戰。雖然放棄也沒關係，他卻堅持不認輸地繼續努力。看到別人正在認真付出，或為某個目標而努力時，我也常常向對方說「加油」，完全不假思索。

但是，孩子可能已經拚命在努力了，對他而言正在竭盡全力的時候，如果爸爸媽媽還在一旁賣力加油真的好嗎？

如果是考試，孩子也許在和「可能會考不好」的不安奮戰。去幼稚園、學校前，可能是和「想待在家裡」的小小心願糾結。即使父母看不出來他很努力，但對孩子來說，已經是全力以赴了。

初為人母時，我全神貫注地照顧小孩。第一次餵母乳、第一次換尿片都小心翼翼，分不清什麼時候天黑、什麼時候天亮。由於睡眠不足，精神恍恍惚惚，幾乎連站都站不穩。

就在那個時候有人對我說「加油！」**雖然說者無心，但我卻覺得自己被否定了**，這句話像是在告訴我：

「還不夠，你要更加努力才行。」

接著，長久累積的情緒被點燃引線，瞬間爆發：

「我都已經這麼努力了！」

「我不可能更努力了！」

不甘心的淚水伴隨怒吼奪眶而出。對於已經很努力的人，「加油」是一句不該說的話，我有深刻的切身感受。

❞用「你真努力」認同孩子的付出，激勵他繼續前進

已經很努力了還被旁人說「加油」時，真的很痛苦。注意到這一點之後，我常常會克制自己不對他人說「加油」。**努力的指數，無法從外在觀察。是不是真的盡力了，只有當事人才知道。**

如果自己正在辛苦努力的時候，究竟別人說什麼會令我們感到開心呢？

「我還要再向前邁進一步！」

「好！我再試試看！」

該怎麼說，才能使當事人產生這種鬥志呢？

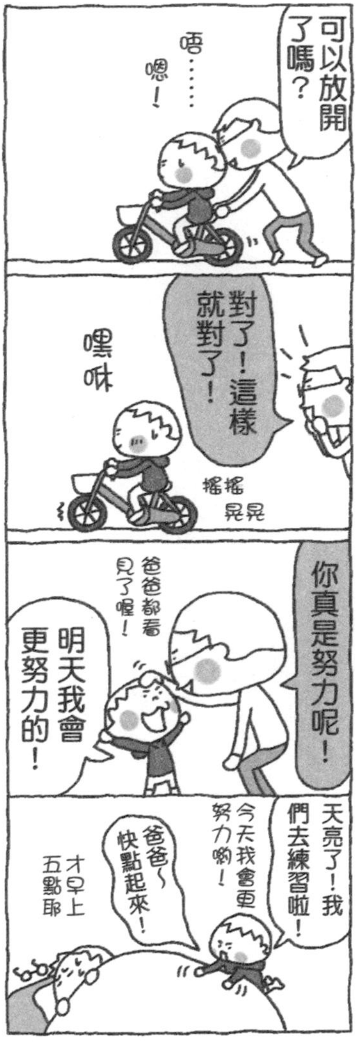

漫畫中的爸爸說「你真是努力呢！」

「加油、要努力」和「你真是努力」乍看之下沒什麼不同。但是，「加油、要努力」讓人覺得是被鞭策「你要更努力」。就好像有人對你說「還不夠」、「光做到這個程度是不行的」。

相形之下，**「你真努力」就帶有「你已經做得夠好了」的意思。**

「我知道你有多努力，這樣就夠了。」

如果是你，哪一種說法能夠打動你的心呢？哪一種說法能夠激發你繼續前進的動力？如果是我，「你真努力」的說法比較有效。新手媽媽時期，若是有人對我這麼說，我應該會感到安心。

「他了解我，認同我所做的努力。」

即使只有一個人，只要有人了解自己，就會覺得「可以重新產生活力」。大家心中應該都藏著一個美麗的矛盾：旁人一逕說「加油」，無法激發自己想加油的動力；如果有人說「你真努力」，就可以再繼續努力。

還要注意一點，說「你真努力」的時候，**必須仔細看著對方的作為，讓這句話同時傳達說話者關愛的「眼神」與「心情」**。或許就是因為如此，每次聽到別人對自己說「你真努力」，內心就會不禁泛起微笑，覺得有人在「看著自己、關心自己」。

從一樣的心情出發，「加油」以及「你真努力」，你會選擇對孩子說哪一句話呢？

Point!

「你真努力」再度激發幹勁
原來
如此
媽媽

- 如果很努力，就不需要再「加油」
- 「加油」讓人覺得受到鞭策
- 「你真努力」能使人再繼續努力
- 只要有一個人了解自己，就有動力繼續努力不懈

以「好可怕是吧」代替「有什麼好怕的」

用同理心和陪伴，淡化害怕的感受

會怕就是會怕，選擇忽視幫不了孩子

你的孩子喜歡煙火嗎？不是拿在手上那種小巧安靜的仙女棒，而是「咻——碰！」會噴射到高空、發出巨大聲響的大型煙火。

儂儂兩歲時，我們曾經帶她去看煙火。但儂儂卻一直說「好可怕」，把頭埋在老公懷裡，完全不肯抬頭看煙火。如果是你，會跟孩子怎麼說呢？

漫畫中的父親，像傳統嚴肅的老爸一樣，對孩子說：「有什麼好怕的？」我問其他父母，遇到這類情況，會怎麼對孩子說，得到下面的回答：

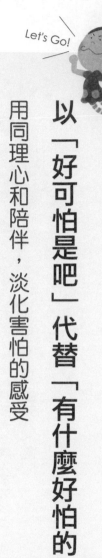

「不用怕！」
「你看！有蚱蜢！……岔開話題。」
「哄他說恐怖的東西飛走了～」
甚至有父母說「把糖果塞進孩子嘴裡」，總之，方法五花八門。
請你回想過去失戀的經驗，當時很痛苦對吧？是不是也曾聽著傷心情歌而痛哭流涕？是否有流著淚，向朋友泣訴內心的痛苦？你的朋友當時是怎麼安慰你的呢？

他們是否會對你說：「這有什麼好痛苦的？」還是制止你：「別哭了！」又或是顧左右而言他，「啊！蚱蜢！」哄你「痛苦通通飛走了」？又或者給你糖果吃？

應該沒有這種朋友吧？如果真有人這麼做，你們大概也做不成朋友了。

用「共鳴」分擔恐懼，快速幫孩子重新振作

人都希望自己的情感能有所依靠。**向人傾訴的時候，說話被岔開話題、想說的話被阻擋不能說出口，將會變得不信任對方。**孩子也會有一樣的感覺。此時，回應什麼話會令人覺得溫暖、有所依靠呢？

對失戀的人說「有什麼痛苦的」實在很沒道理，因為當事人真的感到痛

苦。我們都明白這個道理，但孩子害怕時卻總是兇他「有什麼好怕的？」

當孩子說「好痛」，我們責備孩子「怎麼會痛？」仔細想想這不是很奇怪嗎？站在孩子的立場，爸媽無法了解自己的痛苦，只會心裡覺得很委屈，因而哭得更厲害吧？

當孩子害怕的時候，說什麼話才能好好安撫他呢？

漫畫中的爸爸說：**「好可怕對吧？」**

當孩子聽到父親這麼說，會有什麼反應呢？他一定會覺得「爸爸很了解我」因而感到安心。可以藉此紓緩緊張的心情，徹底放鬆下來。比起兇巴巴地嚇唬孩子：「哭什麼哭！」「有什麼好怕的！」採取認同的說法，絕對能使孩子更快重新振作。

當你因失戀痛苦時，朋友會怎麼安慰你呢？「你一定很痛苦吧？」「你的感覺我懂。」他們是不是會說這些話引起你的共鳴，而且讓你的心情變輕鬆多了，能夠慢慢地重新振作。

有人說：「只要分享，悲傷就能減半、喜悅就能倍增」。我認為這句話並非百分之百正確。因為對方接納我們的方式，會使得狀況完全不同。**如果對方和自己有共鳴，確實可以悲傷減半、喜悅倍增。**

但如果自己說的話遭到對方反駁，狀況就會逆轉，變成悲傷加倍、喜悅減半。很難過的時候，對方卻說「有什麼好難過的！」會令人更痛苦。開心時如果對方一臉「有什麼好高興？」的表情，自己原本興高采烈的情緒也會驟然失落。所以，讓我們向孩子說有共鳴的話吧！

當他說「好可怕」，就說「真的好可怕喔」。

當他說「好痛」，就說「一定很痛對吧」。

當他說「好吃」，就說「真的好好吃呢」。

用同理心去接納孩子的情緒，就像你希望別人認同你一樣。

Point！

「真的好可怕」能減輕孩子的恐懼

- 會怕就是真的感到害怕
- 遭到父母否定會覺得更加痛苦
- 「好可怕對吧」共鳴的言詞令人安心
- 有共鳴能使悲傷減半、喜悦加倍

以「不要緊！」代替「沒問題嗎？」

學會放手！「信任」才能給孩子百倍勇氣

憂心忡忡再三詢問，會奪走小孩的能量

教養兒女總會伴隨不安。如果原本個性就是容易杞人憂天的爸媽，過度擔憂的情況會更嚴重，經常忍不住問孩子「這樣沒問題嗎？」例如當孩子想摸身旁的小狗時，或是當他指著大樹說「我想爬上去」時，你是不是會因為擔心，脫口問「沒問題嗎？」

這種狀況下「沒問題吧？」很容易脫口而出。**「沒問題吧？」這句話聽起來就充滿了不安，會削減孩子原本有的能量。**

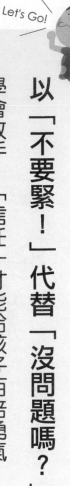

比方說，當你告訴朋友自己正和小孩計劃旅行，而朋友的反應是「沒問題吧？」你原本內心些微的不安，是不是更加膨脹擴大了。心想「我也許做不到吧？」一開始充滿期待的心情，便會瞬間像洩了氣的皮球一樣。

儂儂剛上小學五年級時，由於重新分班，和原本的好朋友不在同個班級裡，所以開始不太願意去學校。有時甚至哭著拒絕上學；或是雖然去了學校，卻一直躲在保健室。

學校舉辦運動會那天，儂儂很難得地說「要帶照相機來學校喲！」興高采烈地出門。我覺得很放心，認為「今天在學校應該會很有精神吧！」但是，當我和先生到了學校操場，儂儂卻沒有出現在他們班上。

「咦？她不是應該在這一帶嗎？」

「她不在耶，奇怪。」

「到底去哪裡了呢？」

仔細一看，原來儂儂獨自抱著膝蓋，坐在稍遠的預備場上。她的頭埋進膝蓋，淚水一滴一滴地落在乾乾的沙地上。

「你沒問題吧？」

她的朋友不時過來關心她的狀況。但每次只要朋友這麼問她，她的臉就埋得更深、身體變得更僵硬。看起來像是表現出「我一點也不好」，又像在拒絕朋友問話的模樣。看到這種情況，我更加確信「憂慮掠奪了她的力量」。然而，該用什麼樣的言詞來取代「沒問題嗎？」

朋友不斷來詢問「妳沒問題吧？」

看到這樣的情景，令我很感動。但是，看著儂儂越來越無精打采，我卻無能為力，不知所措。這時候，儂儂的一個朋友終於打破僵局，同樣只是用「一句話」而已。你猜儂儂的朋友說了什麼呢？答案就在下面的漫畫中。

”以「不要緊！」傳達全心信任，孩子就能鼓起勇氣

漫畫中的媽媽說**「不要緊！」**當孩子聽到這句話時，心想「原來如此，不要緊」於是產生撫摸小狗的勇氣，「不要緊！」給了孩子力量。

「沒問題嗎？」是擔心孩子以及感到不安時說出來的，隱約表現出「你做不到」、「我不認為你有能力」的心情。**「不要緊！」則是基於信任對方而說出的話。**「你一定做得到」、「我相信你沒問題的」，這樣的想法在言語中表露無遺，決定了孩子的行動：

「沒問題嗎？」使孩子決定放棄。

「不要緊！」則讓孩子提起勇氣去嘗試。

回頭來談那個小女生讓儂儂轉變的一句話。她說的話和「不要緊！」有點不同，你猜她說什麼呢？

她對儂儂說：「走吧！」

儂儂聽到這句話，突然抬起頭，然後便和她手牽手，像子彈一樣飛快衝出去了。因為事出突然，我目瞪口呆地凝視著兩個小小的身影。

「走吧！」這句話，充滿她對女兒的信任，傳遞給儂儂這樣的訊息：

「儂儂一定沒問題的！走吧！」

萬里晴空中歡聲鼓動的操場，上演著一段只有我知道的迷你劇場。

Point!

- 「沒問題嗎？」是不安的表現
- 「沒問題嗎？」將掠奪孩子本有的能量
- 「不要緊！」能為孩子增加百倍的勇氣
- 「信賴」勝過「擔心」；「不要緊！」勝過「沒問題嗎？」

「媽媽永遠是你的夥伴！」

Chapter

4

樂觀行動句，給孩子勇氣挑戰未來

指責、威脅、不信任，讓親子溝通不停惡性循環，
用無限相信與支持，陪伴孩子健全長大。

Let's Go!

以「這裡做對了」代替「怎麼答錯了」

放大優點，打開孩子自動自發的開關

你是溫柔親切的爸媽？還是管教嚴格的爸媽呢？或許你在不同的情況下，會採取不同的教養態度。如果是下面這種狀況，你會對孩子說什麼呢？

媽媽，這是昨天的考卷
嗯！我看看
唉！70分
姓名 70
這題怎麼答錯了？
哎呀！這題也是…
嗯……
我也有答對的題目呀……
就是說嘛

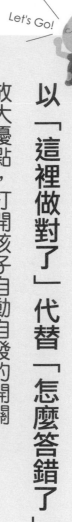

父母太愛挑剔，會讓孩子意志消沉

孩子拿了一張七十分的考卷回家。你會對他說什麼呢？漫畫中的媽媽指出孩子「這題答錯了」，拚命「挑錯」。

人都會對完美無缺的事物讚嘆不已，對有缺陷的部分感到不安。我們覺得滿月漂亮，或許就是基於這個原因。假設你看到一個人口紅只塗了上唇，下唇卻沒有塗，大概會覺得很奇怪吧？

也許因為這樣，我們總是追求滿分的考卷。如果其中有題目被打了「×」，就會覺得錯誤特別醒目，因而不斷追問孩子：「這題不懂嗎？」可是，孩子的想法又是什麼呢？

「考卷中明明也有答對的題目，爸媽卻只挑剔做錯或不會做的題目。」

有一次，偉偉上床前沒有刷牙，所以我問他：「你刷牙了嗎？」我這麼一問，偉偉突然大發脾氣。我非常訝異他為何這麼生氣，他的理由是：

「媽媽總是只會在我沒做的時候罵我，我有時候也會自動去刷牙啊！我自動去刷牙時，媽媽一句話都沒說，只有沒做到時才罵人，媽媽真討厭！」

對已經養成習慣的成人來說，刷牙、換衣服等都是理所當然該做的事。**所以當孩子做到這些事，父母不會一一給予讚美，偉偉對這點感到不滿。**

其實，我也曾經因為被老公說「今天的奶油焗烤怎麼焦掉了」而氣得半死。因為平時焗烤成功好吃也沒人稱讚，只有失敗時才被嫌棄，心情當然很不好受。與偉偉的情況相同。此時究竟怎麼說會比較圓滿呢？

被指出奶油焗烤燒焦了時，我不悅地賭氣說：「我做的是烤焦奶油燉菜！」（創新料理？）每個人都不喜歡別人只在自己犯錯時挑毛病。

「菜做得好吃是應該的，只有難吃時才批評。」你有何感想呢？

「這裡做錯了」，只有沒做好的部分被攻擊，如果是你會有什麼感覺？

我的真心話是：「真不值得！」只要設身處地，就可以明白為什麼問刷牙的事，會讓偉偉這麼生氣。這種情況下，跟孩子說什麼才好呢？

啊！考70分呀！
姓名 70
哇！
這個題目你竟然會耶！
嗯
這題這麼難你都做對了厲害喔！
對呀！我想了很久
看我的！下次要考一百分！
我要去寫功課囉！
哇！

替孩子的行為畫圈圈，他會產生無比的幹勁

漫畫中的媽媽，跟孩子說：「這裡做對了！」考試卷上有「○」也有「×」，爸媽把注意力放在哪個部分，會令孩子高興呢？哪一部分能激發孩子覺得「好開心！我一定要更努力。」

如果是我，絕對是爸媽注意到「○」對的部分。**有人認同自己的長處、稱讚我做得到的事，那就能產生無比的幹勁。**

「這個炸豬排，簡直太好吃了！」

「謝謝媽媽每天辛苦準備美味的晚餐。」

我真希望家人能對我這麼說。這樣的話，我一定能夠開心地想「要再做更好吃料理給家人吃！」要是平常能得到很多讚美，就算偶爾有批評，一定也能坦率接受。之後，只要看到偉偉自動去刷牙，我也會經常讚美他：

「你好棒、好乖！」

「偉偉的牙齒刷得好乾淨，一定覺得很幸福！」

偉偉覺得自己受到關注，總是笑嘻嘻的。另外，我也開始留意各種「○」的行為來讚美他。當他幫我拿報紙時，對他說「還好有你幫忙～」；對慢條斯理的儂儂則說「妳不慌不忙，很細心呢！」人就像植物一樣，受到光照的部位會成長得更好。「○」或「×」的行為舉止，也會透過你的讚美及批評而增加。

對了！還發生過一件事。有次我不小心把味噌掉到地上，一旁經過的偉偉說：「味噌掉在地上了。」

我內心嘀咕：「既然看到了，幹嘛不幫忙擦乾淨？」不過，內心另一個聲音提醒我：「等一下！」我尋找「〇」的部分讚美偉偉：

「謝謝你告訴我。」

你猜後來怎麼樣了？原本已經走過去的偉偉，竟然轉過身來，特別跑回去把地板擦乾淨！這件事令我感受到「肯定」的驚人威力。只要隨時留意，從孩子的行為「找出〇」，家中氣氛必定能煥然一新。

Point!

指出「○」的部分能緩和氣氛

- 人受到光照的部分能夠有所成長
- 「這裡做錯了」
  光指出「×」的部分，使得氣氛緊張
- 「這裡做對了」
  指出「○」的部分，能提升幹勁
- 因為「○」的部分受到肯定，
  「×」的部分也能坦率接受

Let's Go!

以「好開心」代替「好累」

每天都畫下美好句點，孩子永遠有活力

帶孩子一整天總是非常忙碌，為了配合孩子的步調，媽媽連喘息的時間都沒有。晚上就寢前，你會說出口的一句話是什麼呢？

媽媽整天忙得團團轉
哇！有貓咪～
嘿咻
可♥
做什麼？
呼！呼！
喂！過來！
屁屁黏著便便別逃！
我抓！
咦？
今天也累死了！
呼～晚安
很累嗎
大概吧？

孩子是敏感的動物，無心抱怨也會成為利劍

「累死了」是你經常說的話嗎？

儂儂還是小小孩時喜歡光著身子，洗完澡要她穿上衣服是個大工程，每次都要追著她滿屋子跑。最後忍不住脫口而出的一句話就是「累死了」，和這句話類似的口頭禪還有：

「好痛苦！」

「唉～（嘆氣）」

「受不了！煩死了！」

光列舉出來都令人覺得「好累」。

有個朋友告訴我：「不想和老公一起去旅行。」問為什麼，原來理由是：「只要一回到家，老公就露出一臉疲累的表情說：『累死我了！』不管多麼愉快的旅行，聽到他這麼說，馬上就覺得這次是『累死人的旅行』。」

她的心情我能感同身受。**當事人沒有絲毫惡意，無心說出的口頭禪，也會讓聽到的人覺得反感。**

你是否常說「累死了」，導致孩子也覺得疲倦呢？還因此給孩子留下不愉快的回憶。帶小孩出門玩耍、購物，只是待在他們身邊，就說「累死了」，你認為孩子會有什麼感受呢？

比方說小孩生日，你為了讓孩子開心拚命準備慶生會，親自烤蛋糕在上面抹奶油，還放上了一大堆草莓。禮物也提前趁著假日買好了，只需要好好包裝。桌巾也鋪好了，接下來再用花裝飾一下吧！

「來，大家坐好！慶生會要開始囉！」

當慶生會結束時，你認為孩子會期待你說什麼呢？

”用「真開心」作為結尾，你會有意想不到的收穫

當慶生會結束，孩子希望聽到的話是什麼呢？應該是「真開心」吧。只是短短的一句話，孩子的笑臉就是最棒的回禮。因為孩子的笑臉，父母會希望「下次也要讓你開開心心！」願意去思考「下一次」、「再一次」。

最後的一句話、收尾的一句話，決定了一天的感受。

以「累死了」結束，代表之前發生的都是疲累的事。

以「真開心」結束，代表之前發生的都是開心的事。

不管是說的人、或是聽到的人，一句話就能改變全部的感受。所有爸爸媽媽都很清楚「照顧孩子、陪伴孩子」是件多麼辛苦的事。

由於儂儂和偉偉年齡相近，我們每次出門都像帶著「兩天一夜」的大行李。有時老公出差，根本無法確定什麼時候能回家。我只好把一個孩子放在腳踏車後座，聽他抱怨不停；單手抱著另一個孩子，單手推著腳踏車，氣喘吁吁地回家。所以我非常能體會父母疲憊不堪的心情。

即使如此，**騙自己一次吧。請你試著說出「真開心」作為結語，就算是勉強嘴巴說說也沒關係。**你將會發現不可思議的魔法，受到言語的影響而露出笑臉，讓人覺得很開心。而且，會忽略龐大的行李、沉重的腳踏車，甚至忘記老公不在家的事。

真的很神奇！

不論是出去玩或購物，請你以「真開心」當作一天的結尾。

這麼一來，身上就會湧出滿滿的活力喲！

Point！

以「真開心」讓心情愉快
原來
如此
媽媽

- 收尾的一句話決定了一切
- 「累死了」讓大家都覺得疲憊不堪
- 「真開心」為大家帶來愉悅
- 言語能製造笑臉和活力

以「牙齒會亮晶晶」代替「會有蛀牙喔」

說出「光明的未來」，是動力的來源

「真是的！爺爺又讓小孩吃牛奶糖了。」爸爸媽媽遇到這種狀況，事後你會怎麼跟孩子說？

”嚇唬小孩，他也無法分辨什麼才是對的

「不刷牙會有蛀牙喔！」我總是這麼告訴孩子。

結果，儂儂和偉偉都淚眼婆娑地說：「蛀牙好恐怖。」要是覺得恐怖應該好好刷牙啊！他們雖然害怕，卻照樣不刷牙。為什麼會這樣呢？除了刷牙，我常說的話還有：

「不把房間收乾淨，就不能吃飯。」

「不洗澡身體會發臭喔。」

「不當乖小孩，虎姑婆會來找你喔！」

這些話的共通點是：句法結構完全相同。全都是「不希望他做的行為（不刷牙）」＋「黑暗的未來（蛀牙）」，這種說法會衍生兩個問題。

首先是**就算告訴孩子「不希望他做的行為」，他們仍然不知道「該做什麼」**。既然「不刷牙會有蛀牙」，換個角度思考「只要刷牙就好了」，這是經

驗豐富的大人才能想到的方法，孩子還沒有辦法進行這樣的思考。

第二個問題是，**就算讓孩子知道可怕的未來，也無法往前邁進。因為在前方等待的是黑暗的未來**：「會蛀牙的未來很恐怖！」

會發生恐怖事件的未來，換作是你也不想往前邁進吧？一開始提到的「爺爺」，是我的父親。儂儂和偉偉總是夾在父親和我之間，一邊是喜歡給他們吃糖的爺爺，一邊是不斷嚇唬他們會蛀牙的媽媽。他們的爺爺說：

「不吃牛奶糖不會長大。」

這種說法反而會讓不知道怎麼判斷是非，大人究竟該怎麼說才對呢？

「不希望孩子做的行為（不刷牙）」＋「黑暗的未來（蛀牙）」會衍生兩個問題。一個是孩子「不清楚該做什麼」。要解決這個問題，只要告訴孩子「該做什麼」就好了。

另一個問題是無法往「黑暗的未來」前進。既然如此，只要告訴孩子「光明的未來」不就好了嗎？參照這個做法就能出現以下轉變：

強調令人期待的未來，讓孩子發自內心學習

對孩子說「牙齒會變漂亮」。這是「期望的行為」＋「光明的未來」。清楚告訴孩子「應該刷牙」，讓他知道「該做什麼」；告訴孩子「會變漂亮」，讓他期待光明的未來。如此一來，孩子便會想去做能開心愉快的事。

能夠覺得「這麼做真好！」然後往前邁進——就是光明未來的效果。

有一回把孩子暫時放在托兒所時，發生一件事。有個三歲的小女孩，和她媽媽在托兒所道別時說：

「媽媽妳可以趕快來接我嗎？」

「工作沒結束的話，媽媽就沒辦法來喲！」

「我不要——！（大哭）」

我想一定是「媽媽沒辦法來」的情景佔據了小女孩的內心。在小孩心中，媽媽沒辦法來接自己是件大事！當然會越哭越激動。就在她們母女僵持不下時，托兒所的老師說：

「媽媽工作結束後，一定會來接妳喲！」小女孩聽了這句話後，安心地抬起頭來，跟媽媽說掰掰。

「一定會來接妳」這句話呈現光明的未來，使小女孩感到放心。換個場景，偉偉睡過頭的某天早上。他飯也不吃，拎著書包就急著跑出門。我連忙拿起飯糰，在他背後大喊。

「不吃早飯會沒力氣喔！」

「不用了！我不吃了！」糟了！我讓他看見的是黑暗的未來。

「吃了媽媽做的飯糰，就能活力十足和朋友玩耍喔！」

「好吧，我還是決定吃飯糰！」

偉偉折回來，拿過飯糰塞進口中，又飛奔而去。媽媽的心理作戰成功！

Point!

「好好刷牙，
牙齒就會變漂亮！」
原來
如此
媽媽

- **只強調「不希望他做的行為」，孩子不知道該做什麼**
- **「黑暗的未來」無法激發前進的動力**
- **告知「期望的行為」，孩子才明白該做什麼**
- **「光明的未來」激發前進動力**

Let's Go!

以「如果是……」代替「就憑……」

改變三個字，就能重新激發孩子的鬥志

「就憑你這種人」、「就憑我這種人」，當你聽到這樣的話，心中有什麼感覺呢？

就憑我這種人……
連記帳都記不好
唉！
就憑我這種人，不會游泳、字又寫得醜
唉！
就憑我這樣的貓
連小強也抓不到
唉
沮～喪～
哎呀呀

先入為主否定孩子，是最傷人的行為

常說「就憑我這種人」的媽媽，會感染孩子也習慣說「就憑我這種人」。你一定會覺得「看不下去」吧，彷彿背後吹來一股冷風。

我有個朋友，一天到晚都被老公說「就憑妳……」。「就憑妳這種人，整天都在家，也不把家裡收拾乾淨……。」「就憑妳，連洗個米都洗不好，更別說……。」

動不動就說「就憑你這種人」。結果，我的朋友也養成動不動就說「就憑我這種人」的毛病。每次拜託她什麼事，她就會說「就憑我這種人，根本做不來」；邀她去吃飯，她也說「就憑我這種人也一起去好嗎？」一眼就可以看出她缺乏自信。

剛開始我會跟她說：「沒這回事」，但是連一起吃頓中飯，她也頻頻在談話中說「就憑我這種人」。一直聽她這麼說，不知不覺連自己都變得無精打采，而且感到十分疲憊，因此後來幾乎不再與她聯絡了。兒童諮商的輔導員曾經說：

「很多父母會對孩子說出傷人的話，最傷害孩子的話，就是『像你這樣的孩子，我根本不想要。』」

這也是「就憑你這種人」的意思。「就憑你這種人」剝奪一個人的力量，使聽到的人內心很不舒服。既然了解這一點，我們只要改變說詞就好了。

「就憑你這種人」後面通常會接著說：「連洗個米也洗不好！」

「根本不可能！」

「我才不想要你這個孩子！」

全部都是否定句。

「就憑你這種人」和「否定語句」是一體的，會陷入惡性循環。當然會使聽的人感到很痛苦。該怎麼說才能跳脫這種惡性循環呢？漫畫中的媽媽、小男孩，以及貓咪，是這麼說的：

對孩子說：「如果是你，一定做得到！」點燃他的鬥志

他們都是使用「如果是……」的說法，把「就憑我這種人」換成「如果是我」。接續的用詞也請注意，要把焦點放在「能做到的事」。**「如果是我」之後接著「辦得到的事」，由於重複肯定表現，所以能形成良性循環。**人都

會逐漸擴大自己受到注意的部分。在小蘇打裡倒了醋，就會不斷冒出泡泡。

請想像一下這樣的畫面：

只注意失敗的部分，失敗的事就不斷冒泡。

多注意成功的部分，成功的事就不斷冒泡。

注意力不論是放在失敗或成功的部分，都會使它們擴大。既然如此，應該要多關注哪一邊比較好呢？**人若被指責失敗的地方，只會覺得心情低落。**

如果你的老公說：「你怎麼連家事、帶孩子都弄不好。而且，還比結婚前胖了十公斤。就算是『產後發胖』，孩子都十歲了，還能算是產後嗎？」

光想就覺得很不舒服。被老公這麼說，能因而燃起鬥志的人大概很少吧？被人一一數落失敗的地方，應該很多人的心情會跌至谷底。那麼，若是有人對你說下面這句話，你的心情如何？

「你做的炸雞塊真好吃！如果是你，一定能夠炸出超香的天婦羅！」

如果聽到老公這麼說，老婆做家事、育兒、減肥絕對可以全力以赴。**既**

然受到注目的部分會成長，當然會希望能做得好的事受到注目。此時，就是「如果是……」的出場時機。神奇的效果或許會影響到更多層面，不只有做料理，做家事、帶孩子都可以提起幹勁。

改變平時的慣用語很難嗎？

不，「如果是你，一定沒問題！」

Point!

「如果是你，一定沒問題！」
媽媽
原來
如此

- 「就憑……」會奪走力量
- 「如果是你」之後要肯定表現
- 只讚美局部，卻能提升整體幹勁
- 受人注目的部分會持續成長

「活著真是一件開心的事！」

Chapter 5

滿分教養句
教出向日葵小孩

有了父母細心灌溉，每個孩子都能拋開害怕與依賴，
帶著陽光般的笑容大步向前，開創美好人生。

以「來做……吧！」代替命令句

「命令」讓孩子變成沒想法的機器人

經常和「去做那個！」「去做這個！」一起出現的用詞，頻率最高的大概是「快點」。大部分人只要使用命令句，就會加上「快點」。

真是的！
快～起床！
唔
快點換衣服！
怎麼搞的？
好睏～
來，快點吃！
嗯……
差不多了
快點去上學！
只會一直命令我
沒錯

❞一個口令一個動作，小孩會變成過度依賴的媽寶

曾經有人調查過大家一天說出指示命令句的次數，你猜有幾次呢？一天平均竟然高達八十次！可是，常對孩子使用命令句，他會有什麼反應？

喜歡用命令句說話的人，我將他們稱為「獨裁者」。小孩遇到獨裁者只有服從一途，尤其是年紀越小的孩子越不敢反抗。

「快起床！」

「好。」

「快換衣服！」

「好。」

「快點吃飯！」

「好。」

即使遵從命令，卻充滿「逼迫」的感覺。在受到強制、不得不做的情況

下，你會如何因應呢？比方說，先生對太太說：「我現在要帶同事回去，快點把飯做好！」太太會做何感想？或是上司催促說：「快點跟對方道歉！」你有什麼感受？

心裡總覺得不太舒坦吧。如果是老公至少可以要求他，「現在很忙，你買點吃的回來。」如果對方是上司就沒辦法了，上司位階比自己高，只能乖乖聽話。相同的，孩子年紀還小的時候，也無法抗拒父母的命令。老是被命令「快點！」在壓力之下，只好心不甘情不願地去做。因此，命令句造就了「一個口令一個動作」的小孩。

能夠自動自發的人，不喜歡被命令「快點！」但是，**只要聽命行事，就某個層面而言其實很輕鬆，一旦對這種「輕鬆感」食髓知味，便很難戒除。**以後只要沒聽到別人下指示，就不會自主行動。

不用命令句，孩子也能立刻採取行動

父母應該不希望自己孩子變成一個口令一個動作的人吧？爸爸媽媽都希望孩子能成為自主思考、自動自發的人。為了這個目標，命令句該換成什麼話才好呢？

能夠代替「快點……！」命令語句的是什麼？我們來看看下面的情境：去買菜的時候，遇到好久不見的朋友。和老朋友聊天難分難捨，但心中一直在想「必須快點回家，在回家路上把晚上的菜買好。如果不快點去超市，就趕不上秋刀魚特價了……唉！」

這種情況下，怎麼對朋友開口，能讓談話盡快結束？

早安～
起～床吧！
嗯
嗯
換衣服吧！
好
好了
來吃早餐吧
開動了
上學前親一下吧！
咦？不好吧？
危險

”用「邀請」代替「命令」，親子一起做感情更好

「來做……吧！」就像英文的「Let's……」句型。

覺得該道別卻難以道別、應該離開卻總是離不開的時候，如果朋友對我們這麼說，就容易行動了。

「差不多該走了吧？」

聽到這句話時，會不禁鬆一口氣，心想：「啊！太好了！謝謝你主動提起」。孩子一定也是這樣，他知道一定要起床，也十分清楚必須換衣服、好好吃飯，只不過還缺乏一點動力。這時候如果對孩子說「快起來」，或許會使孩子更退縮。

如果和朋友在咖啡廳時，朋友說：「快走！」可能會令人反感：「催什麼催！莫名其妙！」**聽到命令句，總覺得對方姿態高高在上**。孩子或許也很希望有個激發動力的契機。

「起床吧！」「換衣服吧！」「吃早餐吧！」聽到這些話，孩子也有了幹勁，「嗯，現在該這麼做了！」

就像在咖啡廳時，朋友說：「我們走吧！」**只要浮現「就這麼做吧」的心情，就不會有被強迫的感覺，能出於自願，積極採取行動**。另外，說出

「來做……吧！」還伴隨著「一起行動」的氣氛。

「雖然一個人懶得動手，但如果和媽媽一起做，試試看也不錯！」

可以在不知不覺間，營造安心、愉快的氣氛，爸媽說這句話時，也會產生溫柔的心情。這都可以歸功於親子「一起」做某事的想法。

Point!

「來做……吧！」
和孩子一起行動

- 命令句給人被強迫的感覺
- 命令句造就一個口令一個動作的孩子
- 「來做……吧！」能激發動力
- 「一起」令孩子感到開心

以「你一定可以」代替「看吧！我早就說了」

抓住「成功的瞬間」，立即讚美建立自信

”把失敗當作成功的墊腳石，別出口數落

孩子做事常常會失敗，雖然理智上可以理解，但實際上當小孩做不好時，就很容易脫口說出下列的話：

「看吧！我早就說了！」

「我不是告訴過你了嗎？」

例如，當孩子興沖沖地說「我要轉盤子囉」，爸媽一心想著「會掉下來！一定會掉下來！」結果盤子真的掉下了，那句話就自然脫口而出：

遇到這種狀況，我總是會說「看吧！我就說吧！」就算嘴巴沒說出來，所有想法也全都寫在臉上。想必這時孩子心裡也認為「糟了！」父母的反應無異於致命的一擊！

小孩也許原本不覺得「糟了！」或是沒有懊悔的想法，只在心中燃起「下次一定會成功」的鬥志。然而，旁人發出「看吧！我就說吧！」的電波，你有什麼感覺呢？要是身邊有人發出「哎呀！」的嘆息聲，你還會有鬥志嗎？大概會非常沮喪吧。

人的想法非常容易受到言語影響。別人對你說「你做得到」，就會覺得沒什麼事可以難倒你。要是別人對你說「你做不到」，你就會覺得前方困難重重。做不做得到，只是一線之隔。和當下的氣勢、幹勁有關，也有可能只是時機的問題。

有人說：「失敗沒什麼不好，不過是發現『這個方法錯了』，可以更接近成功一步。」這句話真的很棒。

「失敗也沒關係。」

「有挑戰精神就很厲害了！」

雖然弄破盤子很可惜，但我想要成為能這樣鼓勵孩子，有包容力的父母。挑戰從現在才開始！能夠點燃孩子鬥志，讓他繼續努力的一句話，該怎麼說呢？

儂儂反應很靈巧，因此玩遊戲的時候，能夠靈巧地旋轉盤子。偉偉看了也想挑戰，但是怎麼都轉不好。每次只要盤子掉了，我就會露出「看吧！我就知道！」的表情。但我逼自己重新換個想法，努力控制臉上的表情：

「不行、不行！勇於挑戰的精神可嘉。」

和我同樣在一旁看著的儂儂，突然在某個瞬間冒出「好厲害！」這句話，時機非常巧妙。

用「讚美」養成小孩不怕挫折的陽光個性

當盤子成功轉動一兩秒的瞬間，儂儂抓住時機說了：「好厲害！」然後她又說：「你看！你扶著盤子的手一放開，不是馬上微微轉動盤子了嗎？所以剛剛盤子轉得很好喔！」

儂儂清楚地告訴弟弟成功的原因。使我不禁讚嘆：我家女兒真是太厲害了！不是轉盤子厲害，而是她說的話太令我佩服了。

➕成功的瞬間立刻讚美，分享喜悅。

➕具體告訴對方成功的原因。

儂儂很自然地做到這兩點。有人和自己共同分享喜悅，開心的程度就會加倍。**指出成功的事實，可以讓孩子擁有「我也做得到」的自信。**而且在成功的瞬間立即讚美，會讓他覺得「自己受到注目」所以更有幹勁。這時候加以鼓舞說：「你看！成功了！」「做得好！」事情就會變得很順利。

而且，孩子因為知道了成功的關鍵，以前無意識做出的行為，就會轉變成有意識的行動，這叫做「將無意識意識化（Make unconscious conscious）」。只要能控制成功的關鍵，就能提高往後成功的機率。事實上，偉偉後來特別注意「微微地轉動竿子」，最後達成旋轉六秒的記錄，進步神速！

別吝嗇給予肯定，多問孩子「怎麼辦到的？」

萬一失敗，就激發孩子勇於挑戰的精神。倘若成功，和孩子共同分享喜悅，並告訴他成功的關鍵。要是不知道成功的關鍵，不妨開口問：「該怎麼做才能成功呢？」

轉盤子事件後，我也經常提問。當偉偉棒球擊出好球時，或是儂儂烤餅乾格外好吃的時候，他們聽到我的問題，便會歪著頭拚命思考「嗯，這麼一說……」然後告訴我，他們認為成功的關鍵是什麼，此即無意識的意識化。

當孩子成功做完某件事，父母請問問孩子成功的關鍵。這麼做，就能產生「共同分享喜悅↓產生幹勁↓了解成功的關鍵↓有意識地進行↓成功↓再度共同分享喜悅」的良性循環。如果能建立這樣的循環，孩子對眼前的事就可以燃起鬥志！成功和喜悅都近在眼前了。

Point！

把握「讚美時機」與孩子分享喜悅

- **「看吧！我早就說了」會削弱幹勁**
- **透過失敗能夠發現「這個方法錯了」**
- **完成的瞬間讚美「你看！成功了！」**
- **共同分享，讓孩子發現成功的關鍵**

Let's Go!

以「反正機會難得」代替「反正」

孩子的無限可能，來自父母的言語啟發

「反正……」和「就憑……」一樣，聽到的人都會覺得討厭。像是「反正我就是胖」、「反正你就是這麼沒用」等等。

反正只是去超市
不需要打扮得光鮮亮麗
反正我忙得要死
又沒辦法做想做的事
反正又沒有錢
根本不可能去旅行
夏威夷
7日遊
反正我只能過這種人生
再給我一杯
牛奶……喝太多了喵

”「反正」是一具枷鎖，限制孩子發展潛能

「反正」後面通常會接否定用語，表現的語意多半是「做不到」、「沒辦法」、「很困難」等。

「反正我這麼胖，照相一定不好看。」

「反正你這麼笨拙，一定做不出竹蜻蜓吧？」

句子冠上「反正」開頭，加上「做不到的理由」或「不做的原因」，是一層自我保護的外殼。把做不到的事合理化，認為別人聽了，會覺得「既然這樣也無可奈何」。

然而，因此自我設限，不是太可惜了嗎？更何況是**為孩子加上了限制**，**極有可能扼殺他才剛剛萌芽的天賦**。人都很容易受到言語的影響，尤其是小孩子。而且，如果這些話是來自最喜歡的人，影響力更大：

「反正你不可能做到的！」

孩子聽了這句話會這麼想：

「爸媽說的一定不會有錯。我果然做不到，還是早點放棄吧！」

這豈不是直接讓孩子失去自信或幹勁嗎？好比汽車有行車速限，在公路上飆車很危險，否則說不定能夠飆到兩百公里。限制你不能超速的原因是什麼呢？是法律？還是社會觀點？

改變是成長的動力，父母和孩子都需要言語鼓勵

不，都不是。對你加上限制的，是你自己！也就是你所說的話。而且，這些用詞孩子都會照單全收。車子雖然需要行車速限，但一個人未來發展的可能性，則沒有必要限制。

當然，孩子也是如此。請父母不要自我設限，也不要為孩子設限。何不嘗試解開這些枷鎖？一旦這麼做就會發現：體內無限潛能，如泉水般滔滔不

絕地湧出！

「反正」是一句自我設限也侷限他人的用詞。這句話會將不行動的理由正當化。因為人都討厭改變，改變就代表「和現在不一樣」。

如果目前的生活很安定，害怕變化或許是一種本能。但是，人都是因為改變而成長，變得更偉大。掙脫現在的外殼，可以看看自己還有哪些潛能！

下一次，當你說出「反正」時，請你接著這麼說：

”用「機會難得」的想法，勇敢向未來挑戰！

漫畫中的媽媽說：「**反正機會難得。**」後面接續詞，就不再消極了。

「反正機會難得，就試試看吧！」

「反正機會難得，就放手一搏，挑戰看看吧！」

說出口的話，會變得十分積極。曾經聽朋友說了一句很棒的話：

「與其尋找做不到的理由，不如尋找能實現的道路！」

這個朋友學會了硬筆字的技術，並成為講師。從外地往返東京好幾趟，終於取得專業資格。她把這件事告訴某個朋友時，卻得到對方以下的反應。

「妳真好命！可以做自己想做的事，如果是我，反正沒人帶孩子，所以沒有自由的時間，也沒有錢。真羨慕妳！」

她不斷地重複「反正……」，滿嘴藉口和抱怨的理由，我的朋友表面上沒反駁，心裡卻忍不住想：「我的狀況和妳一樣啊！」

朋友先找到能夠照顧孩子的地方，然後說服老公取得時間，又拚命存錢才有外出學習的機會。她一一尋找出各種實現夢想可能性。運用「反正機會難得」而奮鬥，在她的專業領域，成為專業的講師，負責指導學員。

若是說出「反正」，請記得要加上「機會難得」。改變一句話的說法，你沒有想過的璀璨未來，就等著你去實現。

Point！

「反正機會難得」
向璀璨的未來前進！
原來
如此
媽媽

- **「反正」形成限制**
- **要說「反正」，就加上「機會難得」**
- **與其尋找做不到的理由，不如尋找能實現夢想的道路**

以「做得比以前好」代替「你不如其他人」

微小進步，可以激發驚人的跳躍力

和別人「比較」，就是否定自己的孩子

「你動作總是比哥哥慢。」

「你看，隔壁的小翔已經會寫注音了喲！」

「那個小孩連胡蘿蔔都敢吃喔！」

你會不會拿自己的孩子和別人比較，希望他能做得更好，所以時常對孩子說出「你不如其他孩子」這類話語？

為人父母期望孩子「要是你也能做到相同的事，就太棒了！」

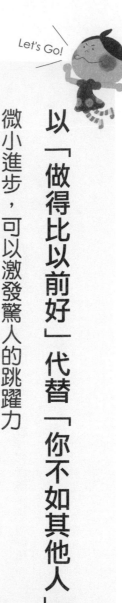

然而父母多半都省略這句話，只給孩子留下「你很差」的感受。孩子覺得「自己很差」，會產生什麼問題呢？**可能會覺得自己被否定了，被父母嫌棄了**。偉偉曾經對我說：

「小健他們家好好喔！放假時打電動一整天也沒關係。」

「小健他們家好好喔！他的壓歲錢可以全部拿去買玩具。」

我聽到偉偉這麼說，立刻瞪大眼睛回答他：

「這樣啊！那你去當他們家的孩子吧！」

我說得咬牙切齒，因為實在太生氣了。這是因為「和朋友家相比，我們家比較差」的緣故。而且，即使被孩子這麼說，也不會改變我的做法；我並不想讓孩子一整天打電動。至於壓歲錢，在商量過後決定的範圍內可以隨他任意用，剩下的錢還是希望他能存下來。

和「過去」比較，指出進步的地方

另外，雖然我賭氣說「你可以去當他們家小孩」，但實際上偉偉根本不可能成為別人家的孩子。**我們所談的全都是一些做不到的事，完全沒有建設性，只是把氣氛搞得很僵罷了**。然而，我也對孩子說過類似的話：

我對儂儂說「偉偉已經準備完學校功課了喔」或是對偉偉說「儂儂已經喝完味噌湯囉！」和別人相比，只會使孩子感到困擾。

「你不如其他孩子」一點用也沒有，根本無法教孩子什麼。孩子只會在心中吶喊「不要拿我和別人比較」、「就算你這麼說也沒用」。

就算只是微小的進步，對孩子來說也很棒

「比較」除了引起爭吵，百害無一利。「和小健家相比」、「和爺爺家相比」，根本不需要說。若是爸媽忍不住快要說出「你比其他孩子差」，請你轉換成下列這種說法：「用得比以前棒了！」

重點是「不要和別人比較」，而是「和以前比較」；不是「挑剔缺點」而是「發掘優點」。

比較的對象不是「他人」，而是「當事人現在的狀況」。而且，比較的不是「表現差的地方」，而是「做得好的地方」。**從挑剔「表現差」，轉換成讚美「做得好的地方」**。雖然只是小小的轉變，結果卻有極大的差異。

「有一天突然發現，我的腰圍縮小了五公分！」

這樣的事情從來沒有在我身上發生過。就算只是減了這麼一點，也會令人士氣大振「看我的！我一定要再多鍛練腹肌！」據說這是「小孩學步」（baby steps）的心理。所謂小孩學步，就是指進步的幅度微小，一步一步慢慢來，稍微加油一點就能突破自己訂定的目標：

「一下子要減五公分大概做不到，兩公分或許有可能喔。」

「我以後使用筷子要更靈活！」

這麼想就是「小孩學步」進步的時刻。即使只是微小的進步，自己也能感覺到效果。**眼前出現希望，覺得「我也做得到！或許我還能做得更好！」便能在未來出現大大的進步。**

話雖如此，孩子並不清楚自己進步了。因此父母有義務要告訴孩子，鼓勵他不斷進步：

「你比昨天早五分鐘起床了喲！」

「你已經會寫注音符號的『ㄘ』了耶！」

「你已經敢吃一口胡蘿蔔了呢！」

爸媽對小孩說話時，多「和以前相比」、「發掘表現好的地方」就能使他們樂於學習。

Point!

「做得比以前好」
激發學習動力
媽媽
原來
如此

- 「你做得很差」使孩子喪失自信
- 不和「別人」比較，是和「以前」比較
- 不是批評「做得不好的部分」，
  而是讚美「做得好的部分」
- 知道自己有所成長，就能產生幹勁

「成為令人喜愛的孩子！」

Chapter

6

親子交流句
打造孩子自由心靈

父母無心的一句話，會抹殺孩子的天賦。
學會用巧妙的言語，教孩子帶著童真一起長大。

以「完整的句子」代替「掐頭去尾」

多與孩子談天說地，比唸故事書更好

家中老公想喝茶時，是不是只用嘴巴吆喝「喂！茶！」而已？這種老公想必很大男人主義。我參加孩子小學的教學觀摩時，曾目睹以下場景：

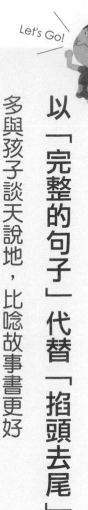

說話太簡略，小心孩子變成句點王

對於出口說「老師，廁所！」的孩子，老師回以「我不是廁所」。這是偉偉小學二年級教學觀摩時，我在他們教室目睹的情景。我不禁噗嗤一聲笑出來，但老師的表情卻極為嚴肅。

「糟了！這不是該笑的時候！」我連忙收起笑臉。

後來，我和中學的輔導老師交談，他說：

「現在的孩子說話時『掐頭去尾的用詞』增加了。」

「掐頭去尾的用詞」是什麼？我覺得很不可思議，進一步追問才知道是類似下列這種情況：

「放假時你都做什麼？」

「沒啊！」

「這個遊戲軟體要多少錢？」

「沒多少。」

像這樣「掐頭去尾」說完一句話，不但讓雙方交談難以延續，對談話對象也很失禮。輔導老師又說：「喜歡掐頭去尾說話的孩子，可能家人也有這種習慣。」

「洗澡、飯、茶……，全部只講關鍵字的話，確實比較輕鬆。」

他說的一點都沒錯。

「現代父母使用掐頭去尾用詞的情況也增加了，不光是爸爸指使別人幫忙。如果我問你：『今天晚上吃什麼？』你會怎麼回答？」

「『煎餃』……。啊！我說話也是掐頭去尾。」

「看吧！小孩子就是有樣學樣。應該要說『今天晚上吃煎餃』才對。」

原來我也是「掐頭去尾用詞」的慣犯。就像人們常說的，小孩都是看著父母的背影長大。我總是在餐桌上說：「醬油！」掐頭去尾只說單詞，但我希望儂儂和偉偉不要學到這種習慣。

聽說有個單口相聲專家到高中表演。當表演結束正要離開學校時，他發現有個女學生站在一旁，於是問她：

「妳在做什麼呢？」

「沒什麼。」

「相聲有趣嗎？」

「說不上來。」

專家聽到她這麼說，心中也有種說不上來的複雜感受。如果說話不「掐頭去尾」，那該怎麼表達才正確呢？

我們再想想看教學觀摩上的師生對話吧？

說出完整的句子，才能享受與人交流的樂趣

小男孩說：「老師，我可以去廁所嗎？」這麼一來，就能表達完整的意思，也不至於發生「老師等於廁所」的窘況，所以老師就能心平氣和地回答：「沒問題！」

偉偉的老師以「我不是廁所」，期望孩子能用完整的句子表達意思，只要重新把話說清楚，就會答應孩子的請求。

孩子可能很自然地說話「掐頭去尾」，但如果他們用這種方式對父母說話，你又有什麼感受呢？也許很不愉快？**如果讓孩子保持這種習慣，說不定他會在不知不覺間樹立許多敵人。**

如果孩子在家中說話簡略，父母該如何應對呢？像偉偉的老師一樣，要求孩子重新表達是一種方法。當然，爸媽自己也必須改掉只說「煎餃」、「醬油」的習慣，好好把句子表達得更完整。前面提到的中學輔導老師，採用下列策略：

「如果只回答『沒什麼』、『說不上來』，就要唱一首歌。」

沒想到竟然立竿見影。原本抗議的學生，大概覺得說完整的句子比唱歌好，所以出現一些轉變。

「沒什麼……才怪，放假時睡到中午才起床。」

「說不上來……啊！遊戲軟體大約三千元，我存了零用錢買的。」

「哇！存零用錢買的嗎？你很厲害嘛！」

能夠像這樣順利地交談，彼此都能愉快溝通，更容易互有好感。不愧是輔導老師，創造了一個讓大家充滿笑容的改變方式。在家中不妨也模仿他的做法，使每個人都改掉說話「掐頭去尾」的習慣！

Point!

使用「語意完整」的句子表達
原來
如此
媽媽

- 說話避免「掐頭去尾用詞」
- 和家人說話也要用「語意完整的句子」
- 創造充滿笑容的溝通方式

以「孩子的視線」代替「自己的視線」

用孩子的角度看世界，親子溝通零阻礙

我當幼稚園老師時，常告訴孩子：「要在老師看得到的地方玩喔！」不過，這種講法其實是一大失策。

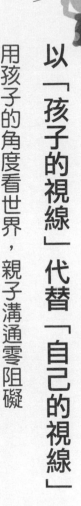

「要在老師看得到的地方玩」，聽到老師這麼說，孩子始終很在意「老師是不是看得到」。稍微走個兩三步就問：「老師，這裡看得到嗎？」走幾步又問：「老師，這裡呢？」不斷重複發生這種狀況。

語言真是一門很難的學問，但我同時感受到語言有趣的地方。因為這件事，我開始思考「自己的視線」以及「孩子的視線」。我在兒童安全座椅講習會上，聽到一段這樣的內容：

「小孩子對於物體大小的感覺是成人的三倍，不論長、寬、高都是。成人看到的車內空間或許並不大，對孩子而言可能像貨櫃一樣大。當一個人孤零零地處於這樣的空間，應該會感到不安吧？所以請把孩子好好地固定在安全座椅上。」

乘上三倍就是孩子看到的大小。成人在孩子眼中，應該十分巨大。像是我的身高，對孩子而言就有四百八十公分，簡直就像一堵牆。所以小孩子對於爸媽「舉高高」非常興奮，如果可以坐在爸爸肩上更會歡天喜地。

在小孩的世界中，爸媽一不小心就會變成「恐怖的巨人」

對孩子而言如此巨大的我們，光是站著也很有壓迫感吧？如果又劈頭怒罵，想必孩子會覺得很恐怖。「和孩子說話時，要和他們的視線平行。」專家這麼說。除了必須「注視孩子的眼睛」，應該還包括蹲下來、去除壓迫感。聽到這些話時，我產生這樣的想法：

「自己的視線」和「對方的視線」。你說話的方式，是否把自己的意思充分傳達給對方了呢？別人是怎麼看你？對你的想法如何？**意識到「對方的視線」，或許就掌握了教養子女能否成功的關鍵。**

「在老師看得到的地方玩喔！」因為我這麼說，導致幼稚園孩子必須一再重複詢問：「老師，這裡看得到嗎？」。

「原來如此。老師看不看得到，必須向老師確認才知道。唔……那麼，該怎麼說才好呢？」我絞盡腦汁想出妥善的表達方式：

良好溝通第一步「先放下父母中心」

「在看得到老師的地方玩噢！」

把「老師看得到」改成「**看得到老師**」。只更動了「老師」和「看得到」的順序而已，但結果卻有天壤之別。孩子們活力十足地回答一聲「好～！」

之後，一轉眼便像剛誕生的小蜘蛛四處散開去玩耍了。

因為是在「看得到老師的地方」玩耍，所以能夠自己確認遊戲的場所。只要看得到，就知道「在這裡玩沒關係」；發現看不到時，「啊！這裡太遠了！」然後回到近處即可。

人與人的相處也要時時關心「自己的視線」和「對方的視線」，**活在「自己的視線」中，會給人壓迫感：**

「我有話要跟你說，現在聽我說。」

「我現在有空，陪我吃頓飯吧！」

這種人寫的賀年片幾乎都只寫了「我發生了什麼事」。反之，能以「對方視線」思考的人，則使人覺得很親切：

「我有話要跟你說，你什麼時間方便呢？」

他們寄來的賀年卡多半都會添上一句「最近好嗎？」「多保重身體」等關懷對方的話。提到「自我視線」，我們家還發生過一件事。儂儂小時候，我趁她不注意去門外拿報紙，沒想到被她發現了，結果儂儂號啕大哭。

我在門外不管說了多少次「馬上就去」，她仍是哭個沒完。後來突然靈機一動，想到必須切換成「對方視線」，於是改說「馬上就來」。

儂儂聽我這麼一說，立刻溫順地回答：「好！」雖然只是短短五秒鐘，她也真的乖乖等著我。當人際關係或教養子女走入死胡同時，請把自己的想法切換成「對方的視線」，相信一定會出現解決難題的曙光。

Point!

留意「孩子的視線」就能消除代溝

- 「自我視線」轉換成「對方視線」
- 「自我視線」無法確實傳達
- 「對方視線」能傳達體貼心意

Let's Go!

以「要選A還是B」代替「要選哪一個」

給孩子「選項」，但不必幫他做決定

你的孩子在選擇東西時，屬於能果斷決定的類型嗎？還是猶豫不決，必須花很長時間猶豫？儂儂和偉偉分別屬於兩種極端。

我要炒飯！
你要點哪個？
嗯……
嗯……
漢堡排好嗎？
可是，也想吃炸蝦
那就點炸蝦？
可是，蛋包飯好像也很好吃
不知該選哪一個？
好難決定喔
那……
請給我們青椒肉絲套餐
我討厭青椒！
好的，請稍候

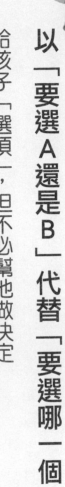

”選擇太多、範圍太廣，無法做決定不是孩子的錯

「到底要點哪個好呢？」陷入苦惱的儂儂。

「要不要點妳喜歡的漢堡排？」

「唔……可是也想吃炸蝦。」

「那就點炸蝦呀！」

「但是……我也想吃蛋包飯。」

有時候，比我們晚進店裡的客人餐點都送到了，儂儂還猶豫不決，無法決定要點哪個。到圖書館借書、在超市買零食都一樣。才伸手拿了仙貝，卻又說：「還是算了」放回架上，然後拿了餅乾又放回去。

我催她說「我們要走了喲！」她才慌慌張張地說：「等一下、等一下！」這時候，偉偉手中的巧克力已經開始融化了。**要花很長時間下決定並非壞事，換個角度看其實是個性慎重。**

巧妙問答，優柔寡斷的孩子也能爽快下決定

然而，當時間不夠充裕時就很麻煩了。早上出門前的準備或早餐，尤其嚴重。白飯要配什麼一起吃？配納豆還是荷包蛋？要淋什麼醬？鹽、醬油、美乃滋、番茄醬還是辣醬？這個世界上充滿了各種選項，如果每一次都要猶豫不決，地球可能都轉好幾圈了。

此時父母要如何協助孩子趕快下決定呢？

儂儂總是沒辦法果斷決定事情：「經常猶豫不決，有什麼感覺呢？」本來以為她會回答：「很煩惱」，結果你猜她怎麼回答？

她說：「很有趣！」果然是天真的小女生呀。看來只有被迫不得不等她的人，才會覺得困擾。時間充裕的時候，我會放任她慢慢想。不過，希望她速戰速決時，有什麼好方法可以協助她當機立斷呢？

限定選項「要選A還是B」，協助孩子下決定

「晚飯要吃日式還是西式？」

「咖哩飯和漢堡排哪個好？」

不如給孩子幾個選項，讓他從中選出一項。從很多選項中選出一個雖然

很難，但如果只有兩、三個選項，就比較容易抉擇了。去餐廳吃飯時也一樣，進去之前先以同樣的方式問孩子，他就能毫不遲疑地做出選擇：

「吃魚還是吃肉？」

「肉！」

「那麼，漢堡排、牛排或烤肉，要選哪一個呢？」

「漢堡排！」

「日式還是西式？」

「醬油口味的！」

問句全部採取選擇題。當孩子遲疑不決時，不妨協助他縮小範圍。

以這種方式逐漸縮小範圍，就很容易做決定。

如果是去書店，他們通常會提供更明快的選項。踏進書店，我總是無法決定「想看什麼呢？讀什麼才好呢？」這時候最方便的就是參考排行榜及書店海報：「本週銷售排行榜」、「店員最佳推薦」、「就是這本！止不住感動的淚水」。

猶豫不決時，能有一個指標作為參考，選擇起來就容易多了。所以父母對總是下不了決定的孩子，可以試著提供他一些選項：

「這個和那個，要選哪一個？」

暗示孩子「我推薦這個」的方向。這樣一來，孩子就能慢慢學會，在短時間內做出決定。

Point！

- **讓孩子自己決定而不是為他做決定**
- **提供選項比較好**
- **選項以兩個或三個為佳**
- **給他一個「我推薦這個」的方向**

「選擇性問題」後接「開放性問題」延伸

沒有標準答案，讓孩子的創意自由飛翔

限定選項的問題，叫做「選擇性問題」，如同前一項說明，能運用在選擇某些事的時候。另外，也很適合用在下列狀況：

用「選擇性問題」暖身，誘導孩子自然說出心事

有些孩子會從早到晚吱吱喳喳說個不停（例如偉偉），但有些孩子則不太喜歡說話。愛說話的孩子，就算你不理他，他也說個沒完。包括前一天晚上做的夢，甚至父母吵架的原因。

不過，也有些孩子不愛說話。我問他問題，他也只是輕輕地搖搖頭或點點頭而已。這種時候，我就會使用「選擇性問題」。孩子只要回答「是」或「不是」就可以了。或是在問題中列出幾個選項，讓他方便回答。

即使是愛說話的孩子，偶爾也有安靜得一聲不吭的時候。例如和某人吵架，或是發生了什麼令他不開心的事情。偉偉有這種情況時，我會覺得「終於安靜了」而感到開心。不過，還是會有點擔心。

此時就算問「怎麼了？」孩子也不太願意說。通常不是保持沉默，就是以「沒什麼」岔開話題。**問孩子「怎麼了」，他沒辦法回答「是」或「不是」，**

也沒有選項。一定要經過思考才能回答，所以孩子也很難說出具體的想法吧？如果爸媽採取選擇性問題，就能發揮效果：

「偉偉，是不是發生了什麼事？」

「……嗯。」

「和朋友吵架了嗎？」

「……不是。」他的眼眶已經含著淚水。

「那……怎麼了？」

「腳……」

「咦？腳怎麼了？」

「我的腳好痲，沒辦法動。媽媽，救命！」

像運動前的暖身操，有時只要問幾個選擇性問題，孩子就能主動開口訴說了。一開始先問選擇性問題，便能順利敲開孩子的心門。

你曾經被久未見面的人突然問「最近如何」，然後不曉得怎麼回答嗎？

同樣的問題若是以選擇性問題起頭，就會變得容易回答：

「最近身體好嗎？」

「最近在做什麼呢？」

縮小問題的範圍，使談話可以繼續「說到這個啊，最近我……」——這是選擇性問題的優點。但若希望聊天話題更廣泛，就得參考下列的問話：

吃便當時聊了些什麼呢？
小綸她
說了有關媽媽的事喲！
咦？
她說了什麼？
她說媽媽很漂亮
真的嗎？你覺得媽媽漂亮嗎？
嗯！我覺得還算漂亮
迅速回答
……
還算……

「開放性問題」讓孩子創意無限延伸

「吃便當時聊了些什麼呢？」

「說了有關媽媽的事喲！」

「說了什麼？」

這類問題的答案沒有既定的範圍。可能是「媽媽很可愛」、或許是與「朋友」有關的事。這種回答沒有限定範圍的題目，叫做「開放性問題」。運用開放性問題來提問，能夠得到各式各樣不同的回答。

當孩子不斷地問「為什麼」、「怎麼會這樣」，而我不知道該怎麼回答時，**我便會以開放性問題反問他們。問他們：「為什麼呢」、「你認為是什麼原因」，當我這麼一問，孩子也會絞盡腦汁，說出很有意思的答案。**

有一天，儂儂揪住我的眉毛說：「為什麼？」眉毛被擰住而問「為什麼」，究竟要叫我回答什麼？我無計可施，只好反問：「為什麼呢？」

結果儂儂回答：「眉毛是兩條毛毛蟲，牠們爬到臉上來玩！」

開放性問題的答案，真是天馬行空。你永遠不知道會聽到孩子什麼樣的回答。如果要我作答，我最多只會說「為了不要讓灰塵跑進眼睛」吧。

身為父母面對孩子的提問，以前總是為了「不得不回答」而苦惱，**自從學會開放性問題後，親子對話就變成一件很有趣的事。**開放性問題能得到無窮無盡的各式答案。如果想知道孩子的心情或想法，問他們開放性問題很容易奏效：

「新老師怎麼樣呢？」

「要做什麼呢？」

「你的夢想是什麼呢？」

由於答案沒限定範圍，或許孩子很難流暢回話。這時候請你再加入選擇性問題，並且告訴孩子「慢慢想沒關係」，耐心等他的回答。相信爸媽們都可以看到，專屬於每個孩子獨一無二的世界。

Point!

「開放性問題」
深入孩子內心
原來
如此
媽媽

- 「選擇性問題」容易回答
- 「選擇性問題」是身心的暖身操
- 「開放性問題」的答案無窮無盡
- 孩子問「為什麼」時，也反問「為什麼呢」

以「共鳴語」代替「唱反調」

給孩子做夢的權利，別總是潑他們冷水

”禁止「唱反調」！小孩本來就要很天真

和孩子談話時，常常不小心說出「怎麼可能？」

「坐在雲上，加上砂糖，做成棉花糖吃！」

「住在太空大廈，養一百隻狗。」

「下個禮拜天去夏威夷嘛！當天來回就好了！」

「一起划船環游世界，買很多糖果回來！」

這些事怎麼想都不可能成真吧！這時候你會怎麼回答呢？

我們經常以「但是」、「不過」這些詞回答孩子。「但是」、「不過」的後面，你通常都會說什麼呢？接續的話總是含有「不可能做得到」語意的句子。有時候甚至有「這個想法太蠢了」的感覺。

孩子的夢想，不，該說是人生，就這麼被父母限制了。這會導致什麼結果呢？日本有個雙人團體叫「小晶＆小麵」，他們在日本各地及海外舉辦

「唱遊表演」，非常受歡迎。其中「小晶」，也就是高橋晶說過的一句話，令我很難忘：

「和別人交談時，有時對方只說一句話，就會讓心情跌落谷底。你們認為那是什麼話呢？」

「糊塗蟲？笨蛋？」我抱頭苦思。

「那就是當對方說『不可能』、『那又怎樣？』時，聽的人馬上就會感到氣餒，什麼都不想說了。」

「真的是一句話就被擊沉了。」我打從內心感到十分佩服。

「但是」、「不過」、「才怪」、「這麼說也沒用」、「不對」、「絕對不行」……我把這些用詞稱為「唱反調」。這些回話都是對聽到的話拋回直球，全是反對的應答。如果有人一天到晚都跟你唱反調，你會有什麼感覺呢？

如果是我，會覺得「啊！我的意見被推翻了」，採取防備姿態，認為下次講話「又會遭到反對吧」倘若一一遭到反駁，每次都得重新打起精神，就會感到很疲倦。而且，漸漸會感到失去談話意願。

高橋晶討厭對方說「不對」、「那又怎樣？」的心情，我想是同樣的原因。你常以唱反調的用詞來回應孩子嗎？**這麼做很可能會剝奪孩子的活力，使他們無法再說出夢想。**

電視、電話和電燈，都是人類偉大的發明，過去這些東西還沒發明前，也是人們認為「怎麼可能」的東西。

在發明的過程中，可能也有人說：「你說什麼鬼話？少做白日夢了！」每當發明家對其他人提起時，一定有很多人潑冷水說「但是」、「不過」吧？但是發明家仍然相信他們的夢想，勇於實現，最後終於創造出這些用品。

如果發明家聽到像下列漫畫中說的話，又會是什麼情形呢？當孩子述說他們的夢想時，不妨給他們以下的回應吧！

去夏威夷！當天來回就好！
喔！
夏威夷嗎？好主意耶！
去夏威夷，然後呢？
嗯
大家一起游泳！
哇！
真棒！我還想多聽一點！
嗯
然後，我們就…
十年後
爸爸！
下次我一定會當天往返給你看！
好有幹勁！
哇！
HAWAII

用「共鳴語」擴大夢想版圖，解放孩子的想像力

搭腔說：「然後呢？」「我還想多聽你說」促使孩子願意說更多話。像這樣循循善誘，孩子就能充滿活力訴說他們的夢想。

我參加大學考試的時候曾發生一件事。我從小就決定「要當幼稚園老師」，因此想考上能獲得幼教資格的大學。不過，父親對我說：「不過，幼稚園老師的薪水不是很高，還是去當一般學校的老師比較好！」大我十歲以上的親戚也說：「有很多種職業可以選擇，妳不需要現在就做決定。」

我因此對他們緊緊關上心門。「反正他們不了解我，講了也是白講。」但是，幸好母親和他們不同，她說：「妳想當幼稚園老師啊。想當什麼樣的老師呢？」母親循循善誘讓我說出內心的想法，她不知道那令我多開心。

「原來如此，你有這種想法啊」、「然後呢」、「原來如此」、「真有意思」等，這些都是可以引起共鳴的用詞。難道你不認為雲朵的棉花糖很棒嗎？太空大廈實現的日子說不定指日可待。或許有一天，孩子們會創造出能一天來回夏威夷的工具。

打開孩子的心門吧！解放他們的想像力和創造力。孩子一定能展開更寬廣的想像羽翼，成為翱翔未來的力量。

Point!

「共鳴語」讓夢想更寬廣

- 「唱反調」教出不會述說夢想的孩子
- 「然後呢？」讓孩子敞開心胸
- 擅長聆聽的人最受歡迎
- 人都希望能引起他人共鳴

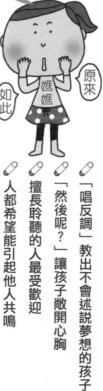

「你是重要的！」

Chapter

7

自信加值句
使孩子無所畏懼

父母對孩子的回應，能讓孩子感受到自己生存的意義，
只要改變一個主詞、增加讚美，
他便能在自信與榮耀中成長。

Let's Go!

以「謝謝」代替「抱歉」

學會與身邊的人分享喜悅、散播正面能量

你在什麼情況下會說「抱歉」？要求小孩幫你拿報紙進屋時？請他們幫你按摩肩膀時？或是有事外出，要他們在家等你時？

開門聲
我回來了
啊！
媽媽回來了！
媽媽，你回來了！
我有乖乖在家等喲！
這樣啊！對不起！
……？
我乖乖不吵鬧，為什麼要道歉呢？
媽媽做了什麼對不起我的事呢？
答應我的禮物呢？
這件事也
對不起！

沒做錯事卻道歉，會讓孩子很疑惑

漫畫中的媽媽向孩子說：「對不起！」跟孩子說「對不起」，對成人則說「抱歉」。我接受他人的好意，或是拜託別人幫忙時常說對不起。因為心裡覺得「過意不去」、「給別人添麻煩」了。

我有個女性朋友因為「老是說『抱歉』而討厭自己」。她說自己常動不動就對父母說抱歉。當她出門工作、把小女兒托給娘家父母照顧時，「每次拜託他們幫我帶孩子，總是會說『抱歉』、『每次都麻煩你們，真對不起』，我只會說對不起。」她每次都會覺得很沮喪。

「對不起」本來是道歉用的話。「對不起」原本應該用在做錯事、犯了過失、失敗時，承認自己不對、向他人致歉。請你現在試著說說看「對不起」。你說這句話時，臉上是什麼表情？姿勢呢？用什麼樣的語氣？想必是彎著腰，帶著一臉歉意的神情。

表情及姿勢會影響一個人的心理。當你做出悲傷的表情會感到傷心，當你擺出笑臉，就會感到開心。開口說「抱歉」使人心情鬱悶，一定是這個緣故。而且這些狀況既沒做錯事，也不是失敗，根本不應該說「抱歉」。

再者，對於被寄放在娘家的女兒來說，聽到這句抱歉會有什麼樣的心情呢？**如果我是被寄放在外婆家的孩子，聽到媽媽為了這件事表示歉意，或許會產生抗拒感，因為自己成了「給人添麻煩」的根源。**

「謝謝」是充滿正面能量的詞語，肯定他人價值

當我們拜託別人幫忙，或是別人為我們做了什麼事情時，有什麼話可以取代「對不起」呢？

請想像一個場景：你來到銀行，推開門打算進去，銀行的門很重，你費了一番力氣才推開。這時候，你注意到前面來了一位彎腰駝背的老婆婆，一

看就知道她不會有力氣推開門，於是你按住門，等老婆婆通過。

這時候老婆婆對你說什麼會令你覺得開心呢？

老婆婆說了**「謝謝」**。你聽到這句話，有什麼心情呢？說這句話的老太太，臉上帶著什麼樣的表情呢？而聽到「謝謝」的你，又是什麼樣的表情？「謝謝」和「抱歉」、「對不起」，這些話我們都在同樣的狀況說出口。「謝謝」是出於感激而說的一句話，用在「你幫了我大忙」、「真開心」的時候。當孩子幫忙拿報紙、按摩、乖乖在家等父母回來……，對孩子來說，可能是值得誇獎，令他們驕傲的事；或許他們只是希望最喜歡的爸媽開心才做的。

每個人都希望自己可以使別人開心。藉著別人的感謝，感受到自己生存的意義，因此而確認自己是有價值的人。多說「謝謝」一定能夠讓笑臉有如花朵般四處盛開。

Point!

「謝謝」
帶來好心情
原來
如此
媽媽

- 「對不起」是道歉的用語
- 「謝謝」是感謝的用語
- 說話的表情及姿勢影響心情
- 接受協助和給予協助者，心情相同

以「就是要這個！」代替「那就這個吧！」

用認真的回應，讓孩子的熱情持續燃燒

「甜點要吃布丁還是果凍？」當有人這麼問，你會怎麼回答呢？

如果要你從兩者選擇一個，是不是就像下面這種狀況？

面對小孩的選擇題，「那就……」聽起來很敷衍

漫畫中的媽媽說：「那就Q寶吧。」這句話聽起來沒什麼問題。但是，Q寶會有什麼心情呢？

「算了，那就Q寶吧。」難道不會覺得對方敷衍了事嗎？

認為對方表現出「反正哪邊都無所謂」的態度？另外，孩子對媽媽隨意敷衍的「那就……吧」，又是什麼感受呢？他們能夠接受嗎？

假設你是高中球隊的成員，正等著新人選秀能否雀屏中選。這時候如果有人對你說：「那就你吧！」，你有什麼感受？假設是選任班級幹部，老師對你說：「那就你吧！」你能夠開開心心地接受嗎？

「那就你吧」這句話聽起來好像在說：「雖然差強人意，也只好用你了」，令人覺得「如果是別人也無所謂」。這種說法聽起來很失禮，給人太過輕率隨便的感覺，被選擇的人也會覺得很受傷。

畫了什麼、想討人歡心、認真想被選上等等，有許多的想法在內心騷動，就算對方只是張圖畫。想到這一點，**身為選擇的人也必須好好地回應對方的心情。因此，絕不能輕率地回答「就這個好了」**。畫了權太郎的孩子、等著新人選秀的高中球員、選舉班級幹部的孩子，親自站在他們的立場，想一想他們的心情，改用下列這樣的說法如何？

認真回答孩子的提問，直接表達情感

這樣的說法，Q寶他一定也會覺得「這是認真選擇的結果」而開心。

球員新人選秀時說：**「就是你！」**

選班級幹部時說：「你**才是**最佳人選！」

選甜點時，則說：「我**想吃的是**布丁！」傳達出你的熱情。

直接表達情感，絕對不會失禮。因此，我們應該說「我要的**就是**這個」。

有一天，當我正在做飯時，儂儂一面照鏡子一面問我：

「媽媽，我應該綁兩個馬尾還是一條馬尾好呢？」

我的手沒有停下來，甚至連看她一眼都沒有，漫不經心地回答：「兩個馬尾不就好了嗎？」聽我這麼一說，儂儂非常生氣。

「妳都沒有認真想！雙馬尾還是一條馬尾適合我？」儂儂雙手插腰很生氣地問，眼睛簡直快要噴出火來。我被她的氣勢壓倒，於是很認真地想一想過後，回答她：「唔……今天還是雙馬尾適合妳！」

儂儂聽我這麼一說，突然和緩下來，微笑著說：「我也這麼覺得！」當

孩子認真提問，請你也必須認真地回應——我因此大徹大悟了。

Point！

「這個好！」
是真摯的回應
原來
如此
媽媽

- **「那就這個好了」給人「哪個都無所謂」的感覺**
- **被挑選者也有自己的感情、想法**
- **「這個好！」給人「認真挑選」的感受**
- **認真的心情，要認真回應**

回應的主詞以「我」代替「你」

有技巧的讚美，教出「樂於助人」的孩子

孩子乖乖收拾玩具、整理房間、幫忙提超市的購物袋、自己扣好衣服的鈕釦……這些情況下，你會對孩子說什麼呢？是不是像下面說的一樣？

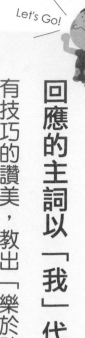

漫畫中的父親說：「真了不起！」當孩子做了什麼成功的事、完成了某件工作，你會對他說「真努力」、「真了不起」嗎？當孩子失敗，或是結果不如預期時，是不是會對他說「失敗了」、「真是的」這類的話呢？

有沒有發現這幾句話的共同點是，全都沒說出「你」。「（你）真努力」、「（你）失敗了」。這種說法稀鬆平常，原本沒什麼問題。只不過，有時候聽到的人會覺得不開心。

你的讚美，總是不自覺在替孩子打分數？

「你……」的說法，充滿了評價的意思。以前你是否曾被蓋過好寶寶章？「做得太棒了！」、「要再加油喔！」這類印章，所有的主詞全都是「你」。**當人們接受評價時，不一定會覺得愉快**。

評價通常是上對下的關係，例如老師對學生、主管對部屬等。因此，令

人不自覺地感到彼此有「上下關係」存在。一位曾從事保健指導的女性，說過一個故事。

她的工作是負責客戶的健康管理，詢問對方的身體狀況，並提供建議。某次她進行一項問卷調查，客戶除了要填寫許多項目外，問卷上還設計了一個「自由填寫意見」的欄位。

結果，有好幾個人在這一欄竟然寫了「聽到『你真是努力』，覺得很不開心」。而且，這麼寫的人以年長的男性居多，真是耐人尋味。不自覺使用主詞是「你」的回應，會讓對方認為她在給予指導。這段軼事使她發現，原來這種說法會讓對方不愉快。

回應他人如果用「你」作為主詞，帶著評價的語氣，很可能會被討厭。

那該怎麼回應才好呢？對主動收拾整理的孩子、幫忙提購物袋的孩子，以及好不容易把釦子從頭到尾扣好的孩子，可以對他們說什麼呢？

以「我」為主詞的稱讚，讓孩子想做更多好事

漫畫中的父親說了「好高興」、「幫了我一個大忙」。類似的表達還有：

「真開心！」

「好感動。」

「非常感謝。」

心思比較細膩的人，應該發現其中的共通點了。是的，回應的主詞都是「我」。「（我）真開心」、「幫了我一個大忙」。以「我」為主詞是傳達自己感受到的事情、感想、心情。

當對方誇讚：「你好漂亮」，你可能會否認「不，沒那回事」。但是，如果對方說：「我覺得你好漂亮！」你是不是會回答：「啊！真的嗎？」因為這句話是在說對方的個人意見，所以你的反應會有所不同。**以「我」為主詞的回應，不帶任何評價，能夠讓人輕易接受。**

對主動收拾的孩子說：「（我）很開心」。

對幫忙提購物袋的孩子說：「幫了（我）大忙！」

對扣好鈕釦的孩子說：「哇！（我）很感動～」

誰都希望自己能討他人開心。**由於做了某件事，使他人開心、露出笑臉、獲得感謝，自己也會感到喜悅，覺得「我要更努力！」**。如果對象是自己最愛的媽媽，想變得更好的渴望會加倍強烈。

把你的心情以「我」為主詞說給孩子聽吧！這麼一來，孩子一定能夠為了你「加滿油全速前進」！

Point!

以「我」為主詞
能傳達真正的心情

- 以「你」為主詞回應有打分數的感覺
- 以「我」為主詞回應傳達「心情」
- 以「我」為主詞的回應較容易被接受
- 令他人開心時，更會想再令對方開心

Let's Go!

以「批評＋讚美」代替「讚美＋批評」

變換說話順序，孩子絕對有自信！

我到產地直銷的蔬菜店採買，店裡賣的都是農家一大早收割的蔬菜——茄子、番茄、玉米等，每一樣色澤看起來都新鮮可口，令人垂涎三尺。「要買哪一種呢？」正猶豫不決時，來補貨的農家伯母對我說：

我們的小黃瓜很飽滿
不過
就是有點歪七扭八
確實歪七扭八
胡蘿蔔能增加活力
可惜，
外觀有點噁心
的確……
哇！妳是個美女耶。
啊！我買點菜好了
真的嗎？
不過，最近有點老花
我看看
還是算了
我是美女

與孩子說話，避免用負面的話結尾

伯母對我說：「我們的小黃瓜很飽滿，就是有點歪七扭八。」

我說：「沒關係。」

伯母又說了：「胡蘿蔔能增加活力，可惜，外觀有點噁心。」

「這有什麼關係。」

「我們的高麗菜越煮越甜，不過，偶爾會有菜蟲。」

「菜蟲……」

農家的伯母很老實。應該說老實過頭了，她絕不強迫推銷，散發出質樸的感覺。但卻令我漸漸疲於應付，最後什麼也沒買就離開了。

「為什麼會這麼累呢？」回想當時的對話，我才恍然大悟。那個伯母難得告訴我正面的情報，最後卻總是以負面情報結束。

「小黃瓜很飽滿（＋）」是優點，偏要加上「就是有點歪七扭八（－）」。

「胡蘿蔔能增加活力（＋）」加上「外觀有點噁心（－）」。

「高麗菜越煮越甜（＋）」加上「會有菜蟲（－）」。

人們對於最後才接收的情報，或是下判斷前一刻聽到的訊息，會留在腦海裡。「這件衣服很棒！顏色漂亮、材質容易保養……幾乎完美無缺，就是款式設計差強人意。」

聽到對方這麼說，你還會想買嗎？難道不會想：「既然這樣，還是不買了。」這也是因為「最終印象強烈」的後果。談話以負面內容收尾，心情也會跟著變消沉。然而反省一下，我們是不是也常這樣跟孩子說話呢？

「算術很厲害（＋），國字就差強人意（－）」

「馬鈴薯都吃光了（＋），花椰菜卻沒吃（－）」

偉偉聽我這麼說，總是一臉氣呼呼的。

偉偉很不擅長寫字。課本上出現的「花」、「川」、「町」，或是「兄」、「店」、「台」等簡單的字都還好，然而「湖」、「整」、「館」等筆畫較多字出現時，他就舉白旗投降了。不是亂發脾氣罵老師「壞蛋」，就是對著作業號啕大哭。

當時我對偉偉說：「算術很厲害，國文就差強人意了。」想必他把最後說的那句「國文就差強人意」深深記在腦海吧？偉偉當時非常生氣。那該怎麼說才好呢？我們先用農家伯母來模擬一下吧！

我們的小黃瓜雖然有點歪七扭八
不過
長得很飽滿
胡蘿蔔外觀有點不好看，
不過，
能增加活力喲
我要買！
哇！
妳…
妳雖然不是美女
但個性很大方耶！

神奇！好話最後再說，小孩就能積極有自信

「我們的小黃瓜雖然有點歪七扭八，不過，長得很飽滿。」

負面的情報之後，傳達的是正面情報，也就是**以正面情報收尾**。雖然說的內容相同，但更換順序後，聽起來的感受很不一樣。開朗的收尾，是不是讓心情也為之一振了呢？

所以，我想對哭著寫作業的偉偉說：

「國字雖然不拿手，但你的算術很厲害耶。」

如果他把馬鈴薯吃光時，可以對他說：

「雖然沒吃花椰菜，不過，馬鈴薯都吃光光了耶。」

最後讚美他「做得到」的事，可以把好話深烙在他的內心，使他產生自信，更能激發他將來挑戰不擅長事物的勇氣。

某天，我去一個地方正在舉辦擊球比賽。主辦單位設置標有數字一到九

號的九宮格嵌板，只要用力擊球打中板子，數字板就會倒下來。

有個小女孩在丟球。她的力氣太小，所以好不容易丟中，板子卻沒倒下來。在一旁觀看的人都發出：「好可惜！」的聲音，小女孩也一臉遺憾。

這時候，主持人立刻說了：「妳控球很厲害耶！」聽到這句話的瞬間，小女孩的表情馬上變得很開朗，一旁的大人也露出「確實如此」的開朗神情。以正面的讚美收尾，就能使人的心情跟著變愉悅喔。

Point!

「讚美」結尾
心情變愉悅
原來
如此
媽媽

- **收尾內容的印象最深刻**
- **以正面的讚美收尾，心情會變得開朗**
- **先負面批評，再正面讚美**
- **若以負面內容結束，就追加正面內容**

父母的「魔法一句話」，開啟孩子的正向人生

我希望所有孩子和父母都能帶著笑容相處，為了實踐這個夢想，所以趁著買下房子的時候，開始在家中舉辦育兒沙龍聚會。

來參加沙龍的媽媽，都對教養孩子很有一套。例如我不斷催促孩子「快一點」，卻有媽媽能從容地告訴孩子：「慢慢來」。**而聽她這麼說的孩子，以「慢慢來」的模式進行，卻比我家的孩子更快完成要做的事。**

和許多母親接觸過後，我不斷遇到這類神奇的「魔法一句話」，我把這些話運用在自己的孩子身上，確實也達到預期的好效果。

「這麼好的事，只有我一個人獨享實在太可惜了。對了！寫成書和大家分享吧！這麼一來，所有的爸媽和孩子都能笑容滿面！」

採納我這個想法的學陽書房，以及把我的草圖畫得趣味十足的今井久惠小姐，還有提供各種素材到「陽光沙龍」參加聚會的媽媽們，最後……

「終於輪到我登場了嗎？把我畫得帥氣一點！」搞錯重點的老公。

「這該不會是畫我們家吧？」看著漫畫爆笑的儂儂和偉偉。

我衷心感謝以上所有人。少了他們任何一位，本書就無法送達你的手上。

最後，屬於你的「魔法一句話」是什麼呢？

「因為說法改變了，所以孩子的行為、親子關係也產生了不同變化。」

如果你知道這樣的一句話，請務必寫信告訴編輯部。你的「一句話」或許能令某個人展開笑顏。我希望能將大家的「魔法」匯整，集結成第二本書出版，讓親子關係越來越融洽，是我接下來的夢想。在那天來臨以前，祝福各位一直充滿活力！期待下本新書再與你相見。

若松亜紀

來自父母們的真誠分享

用「建立自信和約定」取代「快一點」；用「先接納＋收拾」代替「給我收好」，作者在書裡統整了孩子最常發生的問題，和父母不爆炸就能輕鬆破解的方式，這些作法對我的孩子真的「非常」有效，大推！

◆男宿媽

與其說這是一本教養書，不如說這本是療癒書，療癒父母，孩子受惠！書中以輕鬆漫畫的方式巧妙點出教養現場的真實困境，讓父母覺得自己並不孤單，也能從漫畫中吸收解方。在教養與溝通的過程中，我們或許都已知道要好好教、好好說，讓孩子清楚接收、體會及內化，然而事實上，情緒常凌駕理智，書中有篇提到「創造充滿笑容的溝通方式」，也許，任何方法最終都要走向創造一個良好正向循環的習慣，讓這個循環變成正向，藉此學會分享，以正面的讚美為每段親子溝通完美收尾！推薦給每位同在育兒路上的你！

◆菠菠媽

雙寶家庭每天上演的就是孩子間的爭吵，面對風暴中的孩子作者給予了非常實用的小技巧「重複孩子說的話」。重複描述不只是為了站在孩子的立場思考，更是讓小孩在反芻的過程中舒緩情緒，父母也能在中間得到決定處理對策的時間。小小技巧大大收穫，超級推薦這本書給所有家長們。

◆小布媽

語言語氣是有力量的，一句話的說法可能有很多不同的結果，尤其我也常犯的錯：「等一下」像書中作者說的、聽著會有期待感、他們會以　五分鐘十分鐘、但你是指半小時之後、你覺得很煩，小孩也是鬧得兇，語言需要明確、洗完澡後才能、或是會看時鐘說三點才能，在大人的世界都不能容忍等一下然後要過這麼久，更何況小孩子呢？

明確的表達，讓孩子更能理解，當孩子的母親是天職，也是不斷學習的過程。書中有一句德瑞莎修女說的名言，「愛的反義詞不是憎恨、而是默不關心」現在的人要忙碌的事情很多，學習當孩子叫你的時候，都用怎麼了？什麼事呢？都比用我很忙，你到底要幹嘛？無論如何，都要給孩子我很關心你的信號，信號是對向的、這本書我推薦給都在學習當媽媽的你們。

◆可可媽

在教養孩子時，總是會經歷許多懷疑人生的時刻，很多話明明知道這樣說不好，但理智線快要斷裂的時候，完全無法思考如何以較為正向的態度跟孩子說話。本書以很多實際的例子，呈現可以正面教養語句取代威脅或謾罵的使用方法，還以漫畫的方式呈現每一個教養概念的情境。雖說是教養語句的實用工具書，其實潛藏許多當代心理學、教育學的要義；內文亦可見融合正向教養、尊重孩子的核心概念，值得細細品味。

◆博士媽媽

學習勇敢表達的情緒繪本

沒關係系列繪本（全6冊）

★韓國網路書店 YES24 小學生書籍 TOP100 暢銷榜
★給孩子的「轉念」學習繪本

我很生氣，該怎麼辦？
作者 宋潤燮 ／**譯者** 林建豪

為什麼每次都罵我
作者 宋潤燮 ／**譯者** 林建豪

我不敢哭，我怕丟臉
作者 全潤浩 ／**譯者** 林建豪

我好害怕，該怎麼辦？
作者 梁泰錫 ／**譯者** 林建豪

我可以很棒！
作者 梁泰錫 ／**譯者** 林建豪

同學討厭我，該怎麼辦？
作者 曹明子 ／**譯者** 林建豪

提升閱讀力的兒童趣味讀本

小學生最實用的生物事典：
動物魔法學校＋生物演化故事
（隨書附防水書套）

作者 企鵝飛機製作所／譯者 林謹瓊

操場底下的 100 層樓學校（1）（全四冊）
受到彩虹樹邀請的孩子

作者 崔銀玉／譯者 賴毓棻

喵太魯刑警

作者 川田邦子／譯者 何佩儀

邏輯偵探小揭：
七大不可思議謎團

作者 藤田遼／譯者 緋華璃

願望年糕屋系列（1-3集）

韓國累積銷售 20 萬冊的兒童成長讀本

《願望年糕屋 1：說好話的甜言蜜語糕》
《願望年糕屋 2：不再膽小的勇敢龍糕》
《願望年糕屋 3：讓時間倒轉的糖餅》

作者 金梩里 ／繪者 李承炫／譯者 劉小妮

family field
親子田 親子田系列 045

教養，從改變說話口氣開始

開啟孩子「正向人生」的 31 個教養關鍵句【暢銷全彩改版】

もう怒らない！ これだけで子どもが変わる魔法の"ひと言"

作　　者　若松亜紀
譯　　者　卓惠娟
責任編輯　陳鳳如
封面設計　張天薪
內文排版　李京蓉
行銷企劃　張惠屏・吳冠瑩・張芸瑄

出版發行　采實文化事業股份有限公司
業務發行　張世明・林踏欣・林坤蓉・王貞玉
國際版權　鄒欣穎・林冠妤
印務採購　曾玉霞
會計行政　王雅蕙・李韶婉・簡佩鈺
法律顧問　第一國際法律事務所　余淑杏律師
電子信箱　acme@acmebook.com.tw
采實官網　http://www.acmestore.com.tw/
采實臉書　www.facebook.com/acmebook01

ISBN　978-986-507-264-3
定　　價　350元
二版一刷　2022年7月
劃撥帳號　50148859
劃撥戶名　采實文化事業有限公司
10457 台北市中山區南京東路二段95號9樓
電話：（02）2511-9798　傳頁：（02）2571-3298

國家圖書館出版品預行編目資料

教養，從改變說話口氣開始：開啟孩子「正向人生」的 31 個教養關鍵句 / 若松亜紀著；卓惠娟譯．--
二版．-- 臺北市：采實文化事業股份有限公司，2022.07
面；　公分．--（親子田系列；45）
譯自：もう怒らない！ これだけで子どもが変わる魔法の"ひと言"
ISBN 978-986-507-264-3(平裝)
1. 親職教育 2. 親子關係 3. 子女教育

528.2　109021424